道宣律師

南山大律師

高僧小說系列｜精選

林淑玟　著◆劉建志　繪

智慧與慈悲的分享

聖嚴法師

小說，是通過文學的筆觸，以說故事的方式，表現人性之美，所以稱爲文藝作品。它可以是寫實的，也可以是虛構的，但它必定是與人心相應，才會獲得讀者的喜愛與共鳴。

高僧的傳記，是眞有其人、實有其事的眞實故事，也是通過文字的技巧，以敍述介紹的方式，將高僧的行誼，呈現在讀者的眼前，也是屬於文學類的作品，只是缺少小說那樣戲劇性的氣氛。

高僧的傳記，以現代人白話文體，加上小說的表現手法，那就顯得特別生動而富於趣味化了。我從小喜歡文學作品的原因，是佩服它有高度的說服力，並且能使讀者印象深刻，歷久不忘，並且認爲高深的佛法，經過文學的表現，就能普及民間，深入民心，達成化世導俗的效果。我們發現諸多佛經的體裁，是用小品散文、長短篇小說，以及長短篇的詩偈寫成的。

近代已有人用白話文翻譯佛經，也有人以語體文重寫高僧傳記，但尚未有人以小說及童話的方式來重寫高僧傳記。故在《大藏經》中雖藏有極豐富的歷代高僧傳記資料，市面上卻很難見到。我們的法鼓文化事業股份有限公司，爲了使得故典的原文很容易地被現代的讀者接受，尤其容易讓青少年們喜愛，而從高僧傳記之中，分享到他們的智慧及慈悲，所以經過兩年多的策畫運作，推出一套「高僧小說系列」的叢書，選出四十位高僧的傳記，邀請到當代老、中、青三代的兒童文學作家群，根據史傳資料，用他們的生花妙筆、豐富的感情、敏銳的想像，加上電影蒙太奇的剪接技巧，以現代小說的形式，生動活潑地呈現到讀者的面前。這使得歷史上的高僧群，都回到我們現代人的生活中來，陪伴著我們，給我們智慧，給我們安慰，給我們健康，給我們平安。

這套叢書的主要對象是青少年，但它是屬於一切人的，是超越於年齡層次的佛教讀物。

我要在此感謝參與這套叢書編寫出版的全體工作人員，包括編者、作者、畫家、審核者、校對者、發行者，由於他們的努力，才能有這項成果奉獻在廣大的讀者之前。也請諸方先進和所有的讀者，多給我們鼓勵和指教。

一九九五年四月八日晨
序於台北法鼓山農禪寺

推薦序

人生要通往哪裡？

蔡志忠

「只有死掉的魚，才隨波逐流！」

人生是件簡單的事，是我們自己把它弄得很複雜的。

魚從來都不思考：

「水是什麼？

水爲何要流？

水爲何不流？」

這些無謂的問題。

魚只有一個最簡單的問題：

「我要不要游？
如何游？
游到哪裡？
游到那裡做什麼？」
人常自陷於無明的憂鬱深淵，無法跳脫出來。
人也常走進一條沒有出口的道路，
才發現原來這根本不是自己的人生之道。
兩千五百年前，佛陀原本也自陷於
人生的痛苦深淵……，經過六年的
修行思考，佛陀終於覺悟出：
「什麼是苦？
苦形成的次第過程？
如何消滅苦？
通往無苦的解脫自在之道。」

這也就是苦生、苦滅，一切因緣生的「三法印」、「緣起法」、「四聖諦」、「八正道」，所有攸關於人產生煩惱痛苦的原因和達到解脫、自在、清淨境界、彼岸之道的修行方法。

佛陀在世時，傳法四十五年，佛滅度後，佛陀的思想由他的弟子們傳承到後世，成為今天的佛教。在佛教的發展過程中，留下了許多動人的高僧故事。

除了《景德傳燈錄》記載著所有禪宗各支歷代高僧學佛得道的故事之外，《大藏經》五十卷的〈高僧傳〉、〈續高僧傳〉裡也記載很多歷代大師傳記典故；此外，還有印度、西藏、日本等地大師的故事。通過閱讀過去大德諸賢的故事，可以讓我們對人生的迷惘問題得到啓發。

胡適說：

「宗教要傳播得遠，

佛理要說得明白清楚，

都不能不靠白話來推廣。」

這套高僧小說也繼承這使命，以小說的方式講述高僧的故事。讓讀者能透過這些歷代高僧的故事，得以啓發人生大道。相信做爲一個中華民族的後代，身在儒、釋、道思想的傳統文化背景下，如能透過高僧小說多了解佛教思想，對自己未來人生之路的導引和思考，必定能獲得很大的益助。

戒律可以助人離苦得樂

戒律是什麼？好像很嚴肅，會讓人覺得害怕！

在還沒有談什麼是戒律之前，我們先來想像一下：一個擠滿小朋友的教室，每個人都在說話，並且都用盡力氣講話，好讓自己的聲音壓下別人，傳到對方的耳中，該用什麼辦法讓大家安靜下來，可以輕輕鬆鬆地說話呢？

再想像另一種狀況：一個交通非常繁忙的路口，車子常常衝得很快，而且互不相讓，該用什麼辦法，讓小朋友安全過馬路呢？

小朋友們會立刻想出許多辦法：要班長記名字、敲一個大鐘、請老師站在講台上、準備一個大榔頭、吹哨子、設置紅綠燈、請交通警察出來維持秩序、要不就是使出吃奶的力氣，用跑百米的速度衝過……。

大家所以要想出這麼多的辦法，無非就是要訂出一個規則，讓大家依照規則來做，就不必費力氣說話，過馬路也會很安全。

有了這樣的概念，我們反過來看國家的法律及佛門的戒律，其實也是一樣的：就是讓大家很安全，不必費力氣。而佛門的戒律還有更圓融的境界：幫助自己，也幫助別人離苦得樂！

因爲有這樣的認識，我的生活變得更自在，學佛學得很快樂，並且在撰寫《南山大律師——道宣律師》過程中，學到更多。

希望大家和我有一樣的收穫！

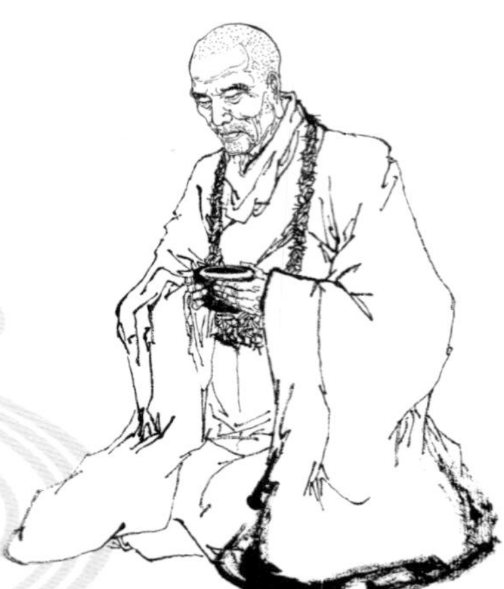

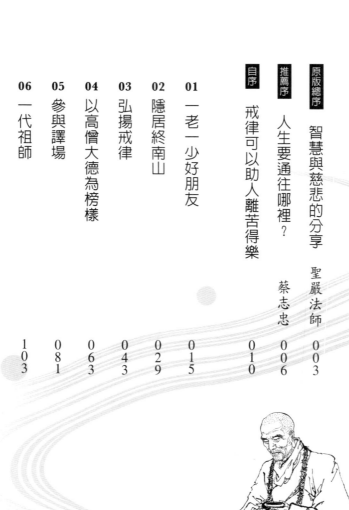

佛學視窗

01

一老一少好朋友

夜已經很深了，紵麻蘭若也和終南山一樣，沉睡在黑暗中。只有蘭若的大殿上，佛前的兩盞油燈還熒熒地亮著。做完晚課的出家眾早已回到寮房休息，空蕩蕩的大殿顯得特別安靜，似乎連夏夜的蟲聲都侵擾不了。但是如果仔細聽聽，卻可以聽到大殿旁的方丈室裡，還傳來細碎的說話聲。

原來年輕的道宣律師和一位老者談得正高興。

雖然方丈室裡，只有簡單的桌椅和木床，卻絲毫不減道宣律師和老者高昂的興致。只見道宣律師露出興味盎然的表情說：「孫老居士，聽您這麼說來，您習醫的過程也吃了不少苦頭囉！」

老者笑咪咪地回答：「那不叫吃苦頭，那叫鬧笑話！」

道宣不解地問：「怎麼說呢？」

「我舉個例子，你就知道了！」

老者解釋道：「有一次，有個小夥子故意捉弄我，用黃槐把身體塗成黃色，然後躺在床上裝病。

「當時，我的師傅正好不在，我只有硬著頭皮，跟著他的家人，心焦如焚

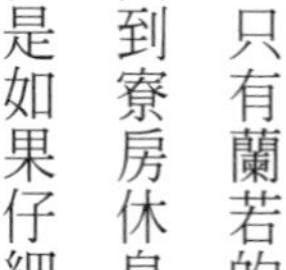

地趕到他床邊。他一看我來了，馬上裝出上氣不接下氣的樣子，並且哀哀地叫喊起來。我一看到他皮膚泛黃，氣息不順，嚇壞了！脈不會把了，也無法細看他皮膚、眼睛的狀況，心裡只想到：慘啦！這病人得的是黃症，命在旦夕！

「我一邊顫抖著手開藥方，一邊小聲吩咐他的家人要有心理準備，不要太傷心。他的家人一聽，全圍到他的身旁，呼天搶地號哭起來。那時，我的心更亂了，還寫錯好幾個字。

「藥方好不容易寫好了，正要派人去抓藥，沒想到那小夥子竟然從床上跳下來，笑得滿地打滾說：『誰說孫思邈是個了不起的郎中！我看是個大草包吧！連我這個黃槐塗身的假病都看不出來，還想當什麼濟世救人的郎中！哈！哈！哈！……。』」

道宣律師跟著輕笑起來：「當時您一定很難堪囉！」

「豈止難堪，簡直無地自容！心裡還想：怎麼辦？現在不僅把自己的招牌砸了，也把師傅的面子丟光了！可是沒辦法，只有厚著臉皮回去見師傅。」

「師傅責備您了嗎？」

孫思邈露出尊敬的表情說：「我的師傅是個慈悲、寬宏的人。他見我垂頭喪氣地回來，再聽我描述完事情的經過後，並沒有責難我，也沒有嘲笑我，反而安慰我：『今天這件事情會出錯，是因爲你的經驗不夠。如果你能把鞋子穿成八斤半，並且看到車上樹，我相信依你已有的醫理基礎，要懸壺濟世就不算騙人了！』」

道宣律師衝口而出：「鞋子穿成八斤半，又看到車上樹？」

孫思邈捋捋胸前的白鬍子，微笑地回答：「是啊！當時我也聽不懂。鞋子只有愈穿愈破、愈穿愈輕，怎麼可能穿成八斤半呢？而且，車子都是在路上走的，怎麼會跑到樹上去？可是我又不敢問師傅，只好帶著簡單的行李出門了。

「我從一個小村莊走到另外一個小村莊，用心看、注意聽、專心學，不管是醫書上的醫理、還是口頭流傳的民間偏方，我一樣也不敢放過。就這樣，走了許多地方，過了好多年，我的心慢慢篤定下來，遇到病人時，不再慌張害怕，而能從容地把脈、問診。」

「後來怎麼知道鞋子八斤半、車上樹的？」急著想知道答案的道宣律師，

忍不住插嘴問。

孫思邈微笑地搖搖頭說：「別急、別急，就快說到了！」

他好整以暇地攏攏袖子，繼續他的故事：「有一天傍晚，天下大雨，路上泥濘不堪，很難行走。不得已，我只好向路旁的人家請求借宿。屋裡的老婆婆很慈悲，趕緊開門讓我進去。

「當她端來熱水，讓我清洗頭臉時，正好看到我在脫鞋，立刻驚呼起來：『瞧瞧您的鞋子，拖泥帶水的，怕有八斤半吧！看來，您走過不少地方囉！』

「當時，我沒有意會過來，說了幾句客套話，倒頭就睡。第二天早上，我要出門時，天放晴了。老婆婆一邊搬著紡紗車，一邊說：『好不容易天放晴了！得把紡車曬一曬。喔！客官，您那雙八斤半的鞋子，也順便曬一曬吧！曬乾了，好走路！』

「我望一望晾在樹上的紡車，再看看腳上的泥鞋，咦？這不是師傅說的：鞋子穿成八斤半，又看到車上樹嗎？突然，一切我都懂了。原來，師傅希望我學完應有的知識後，還要出來充實經驗，多聽、多看、多想，將理論與實際經

驗融會貫通後，才能成爲一個好郎中，勝任濟世救人的工作。」

說到這裡，孫思邈停了下來，手指捻著鬍子的尖端，不再說話。道宣律師則從蒲團上站起來，繞到窗前，望著窗外微藍的夜色，也不接腔。

雖然已經是深夜，野外卻不似我們想像中的漆黑：天空像一塊墨藍色的天鵝絨，給人一種柔軟光滑的感覺；點點的星光則像一顆顆精工雕琢的寶石，鑲嵌在藍天鵝絨上，讓人忍不住想伸出手觸摸它。起伏的終南山，在藍空和星光的映照下，輪廓清楚可見，只是在夜霧中，顯得有些神祕。但是如果能夠靜下心來，則可以感覺到它隱藏在地表下的脈動，隨著它一起均勻呼吸。

看了好一會兒後，道宣律師轉過身來，開口說話：「我很能體會那種感覺！所謂熟能生巧、溫故知新、融會貫通，不僅用在研究學問、增加經驗上，就是用在學佛上，也是一樣行得通。」

換孫思邈露出好奇的表情：「這麼說，你有很深的體會囉！說來聽聽。」

道宣律師重新坐上蒲團，拱拱手說：「孫老居士，您也是學佛的人，您一定知道，學佛最忌雜亂無章。而初學者如何伏妄念、斷煩惱，則是首要課題。」

孫思邈點點頭，表示同意。

「我小的時候，因爲家父是個讀書人，家裡藏有幾本儒家的書，我跟著讀了幾本。聽我的家人講，我九歲的時候，已經會作賦體文。十三、四歲時，當時儒家、法家、陰陽家等諸子百家的東西，差不多都讀遍了。」

孫思邈讚許地點點頭：「了不起！可以稱爲神童了！」

「不不不！」道宣連忙搖搖手：「就是這些空泛的稱呼，讓我自以爲是，差點兒害了自己。」

「喔！怎麼說？」

「我十六歲時，在建業（今南京）的日嚴道場依智顗律師出家。雖然智顗律師是我的剃度師，但實際上，我是跟著智首律師學習律法。當時，我少不更事，又年輕氣盛，認爲自己讀過不少書，所以就用讀世間書的態度來學習佛法。

「我以爲，師父教一遍，我跟著讀一遍，一定就會懂了。而老師應該傾囊

相授，將他的所學盡快地教給我，讓我無所遺漏。

「因此，當智首律師花了很多時間，全心全力地爲我講完一遍《四分律》❶後，我自認爲這樣就夠了，也不問是否懂了，立刻要求：『戒律的部分，我全懂了！我們開始習禪吧！』」

孫思邈摸摸胸前的白鬍子，微笑起來：「好像太快了些！」

「是啊！當時智首律師一定也是這麼想，但是他並沒在臉上表現出來，只是向智顗律師報告這件事情。」

道宣律師停頓了一下，臉上露出一絲愧疚的表情，繼續說：「智顗律師立刻把我叫過去，問我：『你的戒律學得怎麼樣了？』

「我得意洋洋地回答：『我已經聽完《四分律》了，可以改習禪了！』

「智顗律師換上滿面怒容，大聲訶責：『虧你還讀過儒家的聖賢書，我看你是讀過就忘了？什麼叫學而時習之？什麼叫溫故知新？』我給他這麼劈頭劈臉地罵下來，早嚇得腦中一片混沌，根本回答不出他的問題。

「而他則繼續嚴厲數落我：『古聖賢人是不是教導我們：登高必須從低處

爬起，行遠必須從近處走起？就是提醒我們，凡事要一步一步、穩穩當當、紮紮實實地從頭做起，不要好高鶩遠。今天，你才聽一遍《四分律》，連戒律的門檻都沒摸到，就自以爲全懂啦！《四分律》是什麼？說一遍給我聽！《五分律》呢？你聽過嗎？』」

孫思邈把笑憋在肚子裡，但瞇著的眼睛裡卻充滿笑意：「看來！你的師父嚴苛多了！」

「嚴苛是對的！」道宣律師再度起身，走到窗旁。

「當時我站在他面前，慚愧得汗如雨下，覺得我身上的缺點，一一被他指出來，赤裸裸地呈現在我們兩人的眼前，眞恨不得能找個地洞鑽進去。可是，我哪裡也不能去，只能低著頭，靜靜地聽他的教訓。

「智顗律師足足訓誡了我一個時辰，才讓我離開。離開前，他命令：『再聽二十遍《四分律》，然後說一遍給我聽。我認可了，才可以修學別的法門！』」

「用心良苦！用心良苦啊！」孫思邈出聲應道。

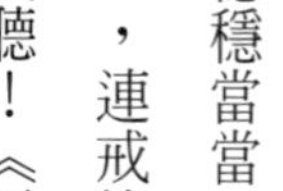

道宣律師瞪著窗外點點頭：「是啊！古大德們主張『五年學戒』、『一門深入』，就是要我們伏妄念、斷煩惱。而我的老師則是藉由二十遍的《四分律》，來達到這個目的。這二十遍《四分律》，總共講了六年。智首律師兢兢業業地講了二十遍，我則老老實實地聽了二十遍。如果用世俗的眼光來看，智首律師和我兩人簡直就是傻瓜！頂多讀個五遍、十遍也就夠了，何必讀到二十遍呢？可是我卻從這當中學到許多，不僅把我浮躁的心穩定下來，也讓我對律學重新認識，進而體認到佛學的廣博精深。我……至今感激不盡！」

孫思邈輕輕地移動腳步，也來到窗前，一起望向窗外。

此刻，夜空已經褪去藍衫，轉成魚肚白，星光也逐漸隱退，把偌大的天空讓給朝霞。朦朧的晨霧四處漫流，像是給終南山覆上薄紗。

「啊！天已經亮了！」孫思邈語帶不捨地說：「我還想聽聽，你爲什麼會從建業來到終南山呢？怎麼就已經天亮了！我該走了。改天咱們再長聊！」

「一定！一定！」道宣連聲答道：「與孫老居士一夕談，勝讀十年書。改天一定恭候大駕！」

他們一起走到蘭若的三門，孫思邈拱拱手：「不必相送！改天再見。」也不等道宣律師答話，孫思邈就跨著矯健的步伐，消失在晨霧中。

道宣律師望著孫思邈離去的方向，心裡浮現出他的影像：神仙似的白髫鬚，以及蘋果般的紅臉頰，還有俐落的身手。大家傳言，孫思邈已經九十幾歲了。可是在道宣律師眼裡，孫思邈頂多長自己幾歲，因為他沒有一般老人的固執與老態，反而有年輕人的活潑與好學。尤其在多次的徹夜長談裡，不管是談論佛理，還是閒聊人生經驗，道宣律師每次都覺得收穫很多。而他博學多聞、虛心求教、濟世救人的態度，更是道宣律師學習的榜樣。

噹噹噹……，蘭若的鐘聲響了起來，提醒了道宣律師，寺院裡的一天即將開始。道宣轉身走回大殿，心裡並期待著，能與孫思邈再一次徹夜長談。

❖ 註解 ❖

❶ 四分律：共六十卷，是佛陀入滅後百年，由曇無德比丘分四次誦出，是印度上座部系統法藏部所傳的戒律。

02

隱居終南山

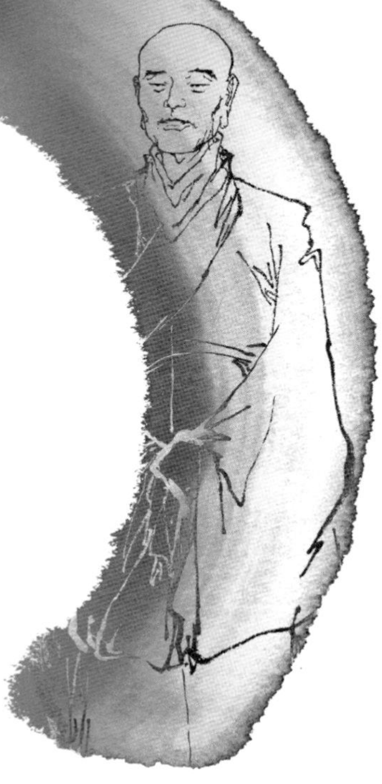

道宣律師在迴旋的山路慢慢地走著。

太陽才剛剛在山後露出臉，卻已經把大地染成一片微紅，盤旋在山坳的晨霧也蕩漾著紅光，吹拂臉上的晨風可以感覺帶著暖意。

山谷裡一片沉靜，除了偶爾傳來幾聲啁啾的鳥聲，好像還沉浸在睡夢中。可是道宣的心卻不平靜，隱隱約約有個催促，催促他趕快到孫思邈的草屋去。但是他的理智也提醒他，不要急！孫老居士不喜歡他像打探消息似地出現，尤其在昨天官差來過之後，那用意太明顯了！

這時，道宣律師來到岔路口，打量著。說眞的，如果不是住在這山裡，熟悉這裡的一切，很容易就會迷路。因爲這裡的景物看起來似乎都一樣：一樣的老樹、一樣高及人頭的茅草，以及一樣蒼茫的天空，有什麼可以做爲辨識的目標呢？

「多虧那些官差還找得出來！」道宣律師在心裡暗暗地說著。

但是這裡的植物也遭殃了，只見老樹的樹枝被拉斷了，茅草也整片趴倒在地上，到處是雜沓的腳印，混亂極了。可見在那一大批官差騎馬呼嘯、打轉之

後，為這兒所帶來的災難，只剩下天空依舊在陽光下透出亮麗的藍色。

道宣律師可以體會孫思邈的用心：盡量不受外界的干擾。可是本性仁厚的他，加上習醫後培養出來的濟世胸襟，即使是一無所有的村夫老婦，只要開口相求，他一定戮力以赴。有時忙了大半夜，仍然分文不取。這樣的事情，在現今的社會到哪兒去找呢？

難怪人們把感謝的話語傳來傳去，傳到皇上的耳裡去了。既然有一個這麼優秀的人才，皇上當然希望能網羅他，立刻派了官差來延請他。但是從官差們垂頭喪氣的表情來看，孫思邈顯然是回拒了。

道宣律師一邊走一邊想，覺得自己能遇到孫思邈這樣的人，眞是幸運！雖然見面的時間不多，但是每次見面談話，都能從他身上學到不少東西。事實上，孫思邈扮演著亦師亦友亦父的角色，幫助道宣律師在修學的過程中，精進不懈。

拐過熟識的老榕樹，矗立在山澗旁的草屋，就是孫思邈的住處了。可是眼前的一切，教道宣嚇了一大跳！這兒的花草都是熟悉的，卻殘敗不堪，和以往嬌綠鮮翠、欣欣向榮的景致大不相同。道宣停下腳步，細細地再看一遍：老榕樹的枝幹是熟悉的，但是許多枝葉卻離開了它，七橫八豎地躺在地上，沾滿了泥巴。草屋依然站立，但是屋前的藥草園像是被暴風雨掃過，七零八落，慘不忍睹！連山澗的水道也改變了，原來嘩啦啦唱著歌的流水，只剩下幾滴，懶洋洋地流著。

道宣律師快步地衝到草屋前，扶著搖搖欲墜的木板門，大聲問：「怎麼了？」

他看到孫思邈正慢慢地收拾著行李，更心急：「您要到哪裡去？」

孫思邈的臉上沒有驚慌：「緣盡了，可以離開了。」

道宣律師的心一陣緊縮，衝口而出：「您接受皇上的詔書了？接受爵位了？」

孫思邈依舊慢慢地收拾，頭也不抬地回答：「不！我沒有接受。我是想離開這裡，搬到更不會被干擾的地方。」

道宣律師心中的那塊大石頭落下來了：「太好了！那太好了！」

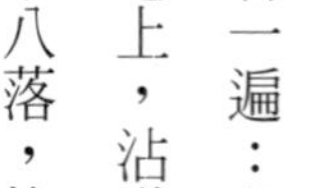

但是，他立刻又想起一件事：「鄉人怎麼辦呢？他們生病時，到哪裡去找您？」

孫思邈停下收拾的手，看看道宣律師，不疾不徐地說：「他們會找得到的，就像你一樣，你也會找得到！」

道宣律師轉頭看看四周，草屋裡的擺設依舊：一張簡陋的桌子、幾張樸實的椅子，以及床上簡單的被褥，在在都透出主人淡泊名利的胸襟。只是此刻，卻散發出離別的氣氛。

道宣律師走到窗邊，站定。從屋裡看出去，屋外的景物更凌亂，更教人心痛！他嘆了一口氣，搖搖頭：「那些藥草就像是被千軍萬馬踩過一樣，你沒有難過吧！」

孫思邈也走到窗邊，往外探看：「剛開始有點憤怒，後來想起『無常』這兩個字，萬物無常、萬事無常。即使今天它們沒被踩壞，也許改天一樣會被風吹雨打毀壞，何必難過呢？」

「是啊！末學也常常提醒自己，要做如是觀，但還不及孫老居士豁達。」

「不敢！不敢！我慚愧得很！」孫思邈擺擺手：「昨天當那批官差像一群胡蜂衝進來時，我的心還是跟著浮躁了起來。再看看他們，挾著天子的威名，卻不愛惜民物，所到之處，一片混亂。

「幸好自己已經九十幾了，稍稍會克制自己，沒被那些混亂沖昏頭；並且有自知之明，知道自己只是草莽村夫，何德何能，敢受官祿，因此可以理智拒絕。但是整個說來，心還是像風吹過湖面一樣地波動了起來。唉！工夫不夠，還需要再努力啊！」

道宣律師繼續注視著外面，接口道：「記得當初我離開建業，在大江南北尋訪，爲的就是要找一個安靜的修行場所。直到行至這終南山倣掌谷，才覺得是適合之地。怎奈……。」

「讀萬卷書，不如行萬里路啊！」孫思邈轉頭看著道宣律師，語重心長地說：「年輕人閉關、閱藏是很重要的，可以奠下良好的基礎。但是有了基礎之後，出來尋訪明師賢友，更可以增長知識和閱歷。佛經裡也提到善財童子的五十三參，到五十三位善知識❶那兒參學，要走多少路啊！多走、多看、到處遊歷，一定沒有錯。」

說完，孫思邈走回桌邊，繼續打包行李。道宣見狀，趕緊走過來：「還有什麼要收的？」

孫思邈笑了起來：「哪有什麼東西？幾本破書、幾件破衣服，跟了幾十年了，隨便一包就可以走了！」

「我會很懷念以前秉燭夜談的日子！」

「是啊！我也很想知道，你爲什麼會到終南山的倣掌谷來呢？看來恐怕要一陣子後才有機會聽聞了！」

「不會花很多時間的，我可以簡略地說。」

不等孫思邈回答，道宣律師接著說：「大概是緣分吧！當我聽從智顒律師的話，習完二十遍《四分律》後，深深覺得自己所知道的太有限了。佛法彷彿是大海，深廣無邊，而我所知的，只不過是大海中的一滴水罷了。所以等習完所有經教之後，我決定出來參學。

「我走過許多地方，長江流域、黃河南北以及長城附近，全都遊遍了，可

是一直找不到一個適合停下來的地方。直到來到終南山，看到這倣掌谷，林木蒽鬱，景致宜人，就決定留下來了。」好像怕孫思邈跑走似的，道宣律師趕緊一口氣說完。

「你的決定是對的。以前我住過太白山，景致沒這裡的好。」

「聽說，」道宣律師小心翼翼地說：「您之所以離開太白山，是因爲皇上要徵召您爲『國子博士』，您稱疾不往……。」

「沒錯！」孫思邈不當一回事地回答：「我的職責是替人治病，當國子博士能做什麼？還是不去的好。」

道宣律師翻翻擺在桌上的醫書，繼續問：「可是身處世間，總免不了名利的牽扯，難道您一點兒也不動心？」

「當我看到許多老百姓受病苦的煎熬時，我就決定當個鄉下郎中，不對名利動心。加上學佛後，深知名利只會爲自己增加麻煩，所以也就更遠離它了。」

「您認爲當一個濟世救人的醫生，應該具備什麼條件？」

孫思邈背起手，在屋裡踱起方步：「你身爲律師，觀察犀利，果眞能切中時弊。自古以來，許多人被醫死，不是醫師的醫術有問題，而是醫師的道德有問題！」

「怎麼說？」

孫思邈再度走到窗邊，看著窗外殘破的藥草園，解釋著：「我們都知道，佛是大醫王，以慈悲爲懷，救拔眾生。身爲醫生也必須具備這種胸懷，只要有疾病來求助者，不論貧富貴賤、男女老少、怨親善友，都應該一視同仁，以大悲惻隱之心，拔除他們身體上的痛苦。不能爲了顧全自己的名譽、生命，而犧牲他人的生命。此外，也不能以天氣寒暑、路途險阻遙遠或病人惡臭不淨，做爲不去醫治的藉口。」

這不就是佛的教導：不要分別執著，原來就在生活裡啊！道宣律師在心裡暗暗地稱讚，但又忍不住好奇地問：「您的意思是醫術不重要囉？」

「不是，醫術還是很重要。」孫思邈嚴肅地回答：「醫術是一個醫生本來就應該具備的條件，但是具有醫德的醫生才稱得上是濟世救人的好醫生。

「還記得我說過的『鞋子穿成八斤半』的故事嗎？

「從那些經歷裡，我體驗到：一個好醫生必須涉獵群書，上知天文、下知地理、中知人事，並且要精心鑽研。這樣遇到病症時，才能大膽假設病情。可是心思卻要細密，不放過病人顯示的任何跡象，再靈活運用醫學知識，如此才能救拔病苦。」

「每次聽完您的話，不僅學到許多東西，還有如沐春風的感覺。我眞的要好好謝謝您！」道宣律師由衷地說出感激的話。

孫思邈一邊把桌上的醫書收進布包裡，一邊應道：「千萬別這麼說，我看你嚴謹持律，一天只吃一餐飯、穿紵麻編的衣服、練不倒單❷不敢躺下來……等等，都是我自嘆不如的地方。我還得好好地向你學習呢！改天，等我覓個山明水秀的好地方，我們再來個促膝長談。」

道宣律師陪著孫思邈走到門口，想說些珍重、道別的話，卻覺得喉嚨哽塞，說不出話來。反而是孫思邈，把手放在道宣律師的肩膀上，鼓勵著：「不要難過，聚散也是無常啊！友情也是情，如果情愛看不破，如何在佛法上有成

就呢？而你是法門龍象，要是能將你在律學的基礎再深入與研究，整理出一套適合中土僧人的戒律，日後一定能將律學發揚光大，千萬不可小看自己！我走了，日後再聚！」

望著孫思邈逐漸遠去的身影，道宣律師只能揮揮手，目送他離去，並在心裡祝福他。

本來，道宣律師是來赴上次的口頭之約，沒想到竟變成了送別；更沒想到的是，從此以後，他再也見不到孫思邈。

孫思邈因爲淡泊名利，再次辭謝隋文帝徵召爲諫議大夫之職，並且從此在山西太行山、河南嵩山及四川峨眉山間，四處行醫、隱居，直到一百四十幾歲去世爲止。

❖註解❖

❶善知識：正直有德行，而能教導人捨惡修善，入於佛道的人。可用佛、菩薩、人等各種身分出現於我們身邊，幫助我們修行。

❷不倒單：即夜間不睡覺，專心打坐、參禪或念佛，不分晝夜。

03 弘揚戒律

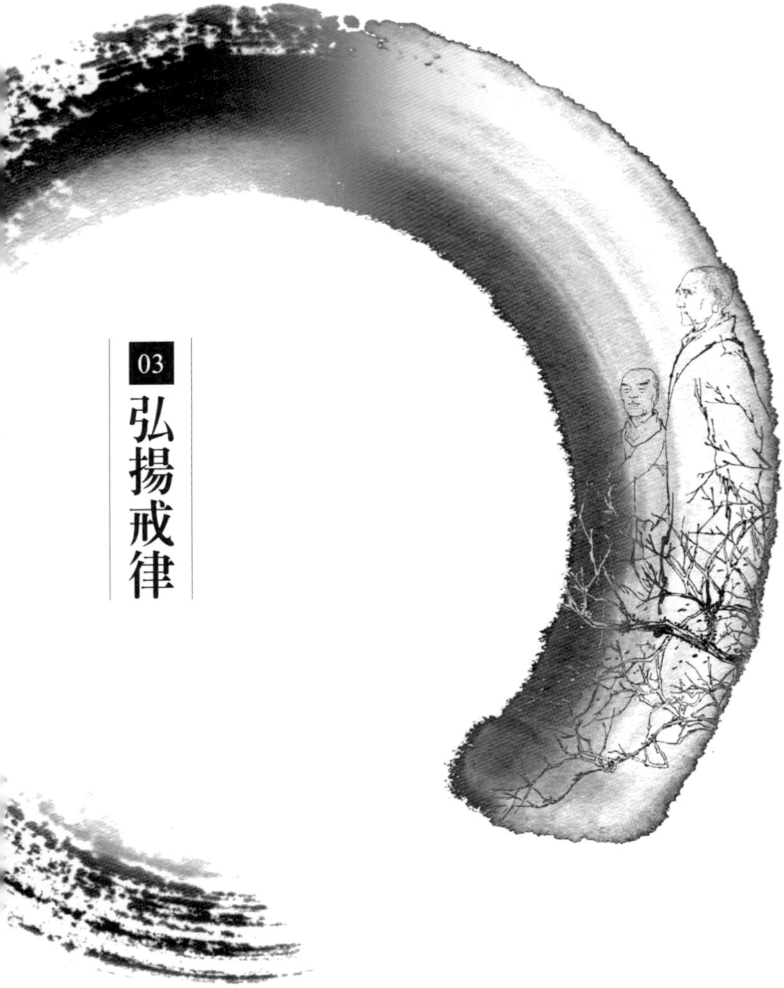

孫思邈的離去，道宣律師雖然有些不捨，但是諸事無常、萬物無常，正是諸佛的教訓，也是孫老居士常掛在嘴邊提醒道宣律師的。所以很快的，道宣律師就把思念丟到一旁，將全部的心力擺在治學上面。

山間清淨的歲月，似乎流轉的特別快。好像才一眨眼的工夫，道宣律師已從浮躁的青年，變成沉穩的中年人。這之中，不獨是他的個性趨向成熟，在修學的層次上，也有大幅的進步。

這一天，他正在大殿上念佛，其他的小沙彌則跟著繞佛，一步一聲地高念阿彌陀佛的名號。其中有個不專心的小沙彌，耳裡聽到一些奇怪的聲音，忍不住抬起頭，往大殿外望。這一望，嚇得他停住了腳，不再往前走，竟讓後面低著頭專心念佛的小沙彌撞上他。接著第三個小沙彌又撞上了第二個，就這樣，一個撞一個，大殿裡亂成一團。

「爲什麼不專心繞佛，突然停下來了？」第三個小沙彌低聲埋怨。

第二個小沙彌壓低聲音指指前面：「噓！小聲一點！不是我不走，是他停下來了。」

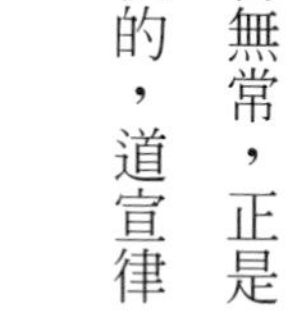

這時第一個沙彌卻把眼睛瞪得老大老大，指向殿外，哆哆嗦嗦地說：「你……你們看，那是什……麼……？」

大家隨著他的手勢，一起往外看，只見一大群龍蛇凌空飛行，衝著紵麻蘭若的三門而來。

這些龍蛇駕著彩雲，蜿蜒飛馳，姿態非常優美。可是牠們奇特的模樣，卻叫那些沒見過龍蛇的小沙彌，嚇得手足無措！

正當大家不知道該如何是好時，龍蛇緩緩降落在大殿前，變幻成一群儀態優美的男女，向前禮拜參謁道宣律師，並且一致唱著阿彌陀佛的聖號，聲音極其悅耳好聽。讓那群原來害怕不已的小沙彌，鬆了手腳，轉動眼珠，忍不住多看牠們幾眼，心裡跟著讚美了起來：「多漂亮的一群啊！要是能夠天天都來舞上這麼一回，那該有多好啊！」

這個心思立刻讓那群龍蛇知曉了，牠們馬上露出原形，張牙舞爪的，彷彿就要衝上大殿，攻擊小沙彌們。

這時，道宣律師清亮的聲音傳了出來：「且慢生氣！這群不懂事的小沙彌

打妄想固然不對，但是你們已是一群有修學的菩薩，還讓生氣影響你們，甚至想做出惡毒的事情來，難道是菩薩應有的行爲？」

那群正要發怒的龍蛇聽到這些話，馬上退到大殿外，態度也有明顯的改變，不再露出殺氣騰騰的模樣。只是，當牠們轉身往天空飛回去時，全部朝著殿外的水井吐了一口白沫。

等那群龍蛇飛遠了，道宣律師立刻下令：「去！找些木板和大石頭來，壓住水井。以後沒經過我的同意，誰也不准隨便掀開來，更不准飲用這口井裡的水。」

同時，他喝斥小沙彌們：「你們就是不專心，沒把心安住在佛號上，老是打妄想，才會惹來這些麻煩。好了！現在大家繼續經行❶。要注意，口裡念的、心裡想的、耳裡聽的，應該全都是佛號，這樣工夫才會得力！」

爲什麼要封井，道宣律師沒多作解釋，小沙彌也不敢多問。

但是這件事情卻像長了腳一樣，很快就傳遍了山下的鄉鎮，立刻引來了一批好奇的民眾，絡繹不絕地來參觀那口井。

大部分的人都能遵守道宣律師的命令，不去碰觸那口井，只站在遠遠的地方，小聲地議論、猜測。但是有幾個大膽的年輕人，卻趁著寺院裡的人不注意時，偷偷地把壓住井口的木板移開，見到一縷縷的黑煙，從井裡冒出來，有人不小心吸到了，立刻覺得頭昏腦脹，有人甚至因此昏睡了好幾天。因此，龍蛇出現在終南山，並且吐下毒沫的傳說，愈傳愈廣。

於是有愈來愈多的人到終南山來，在蘭若的四周好奇地張望，想知道龍蛇爲什麼要降臨這個地方，讓一向清靜的紵麻蘭若變得紛紛擾擾，彷佛是一個觀光勝地。

道宣律師看到這般景象，沒有高興，也沒有不高興，只是告訴小沙彌們：「今天，人們好奇地來看那口井，同時也會看到我們佛門的種種。所以，你們更應該精進修行，不要雜心閒話，免得破壞了佛門的形象。」

卻說人多嘴雜，上山的人多了，當然也帶來許多零碎的話題。

這一天，道宣律師帶著弟子文綱正走出大殿，就聽到兩位信眾站在階梯下聊天的話語。

左邊的一位說：「這裡山明水秀，看起來眞是一個修行的好場所，難怪龍蛇也會喜歡！」

右邊的一位接腔：「是啊！我聽說，牠們是來參拜這裡的道宣律師。這位道宣律師嚴守佛門的戒律，不管是平常起居或做法事穿的衣服，還是面見君王所穿的衣服，全都是用紵麻縫製而成的。而且每天只吃一餐飯，這飯還不是白米飯，而是豆子、雜糧等合煮的食物。要是叫我們吃，我們會嫌難吃，嚥不下去的。」

「眞了不起，這才教人佩服嘛！我聽說，河南有個僧人，自稱是酒王，每天喝的醉醺醺的。我看他要是眞能講經說法，大概也沒人要聽。」

「這還不離譜！」右邊的人不屑地說著：「京城裡有個普光寺，你知道吧！裡面有個叫明解法師的，琴棋書畫，樣樣精通而很驕傲，逢人就說僧人不一定得吃齋念佛。所以，他跟我們俗人一樣，吃肉喝酒，完全不遵守佛門的戒律。你說，這像話嗎？簡直丟盡佛教的臉，教人還看得起佛門弟子嗎？」

「唉！你這麼一說，我也想起另外一樁事情。有個叫法雅的法師，很得皇上的器重，皇上竟然鼓勵他娶妻生子……。」

另一個人插嘴：「這件事鬧得滿城風雨啊！不管是僧人還是俗人，都覺得不對！可是沒人敢多話，因爲是皇上鼓勵的呀！」

那人搖搖頭，嘆口氣：「這只能說佛門不幸啊！」

「佛門需要有個人出來整頓整頓了。」

「恐怕只有這樣了！」

說到這裡，那兩人沉默地走開了。留下道宣律師，站在階梯上想了許久許久……。

直到弟子文綱叫醒了他：「師父，您也聽到了吧！」

「唔！」律師嚴肅地點點頭，眼睛抬起來，望著對面的青山。這樣的傳聞，道宣律師不是沒有聽過，可是沒有像現在這樣地讓人心痛。

文綱法師侷促地抓抓手腕問：「師父，眞的有這樣的事情嗎？」

道宣律師無奈地回答：「我想是有的，信眾們不會憑空捏造出這些話來。」

聽了師父的回答，連文綱的臉都罩上一層陰影。他擔心地再問：「師父，我們該怎麼做，才能改變大家對我們的看法？」

道宣律師語重心長地說：「唯有持戒！」

文綱法師沉思了一下，繼續問：「師父，就我所知，許多人認爲戒律好像一條看不見的繩子，限制著我們的行爲，讓我們處處不方便。而您一生嚴謹持戒，會覺得戒律拘束您，造成生活的不便嗎？」

「戒律就像國家的法律，是保護大家，讓大家的行爲有依據的準則；而不是規定什麼可以做、什麼不可以做，來約束大家的。所以，我從不覺得戒律造成我生活上的不便，反而因爲有戒律的保護，覺得安全、優遊自在。」

道宣律師一邊慢慢地往前走，一邊慢慢地解釋。

文綱低著頭，緊跟在道宣律師的斜後方，沉思了一下之後，又開口問：「師父，您常常提醒我們，戒是所有修學的根本。一個不守戒的佛弟子，就像一個沒有底的瓶子，所修的功德無法儲存，全都漏光了。」

道宣律師嚴肅地點點頭，接著說：「是的，一個不守戒的佛弟子，不僅自

己沒有得到絲毫的益處，同時也妨害其他佛弟子的修行，破壞了佛門的形象，影響大眾向道的信心。就如同一個國民不守國家的法律，不僅爲自己帶來災難，也會給周遭的人帶來許多不便，甚至毀損了國家的形象。

「所以佛陀當初制定戒律，並不是要約束佛弟子的行爲，而是讓大家有規則可循；一來是幫助個人修行，二來是讓團體在共處時，有共同的規範，防止摩擦。就如同法律不會帶來生活上的不便，戒律也不會變成負擔，而是幫助我們的生活更自在、更圓滿。」

「依師父的說法，持戒並不會帶來生活的困擾，反而可以成就道業。那……爲什麼一個決定出家的人，寧可捨戒而不持戒呢？」文綱覺得很難理解。

道宣一邊朝三門外慢慢走去，一邊詳細地解說：「其中的原因可能有兩個：一個可能是，這個人並不是眞正發心想出家，而是藉出家的名義，逃避官府的苦役或徵調，只把寺院當成躲藏的場所，因此出離生死的心並不殷切，當然也不認爲犯戒有什麼大不了的。

「另一個可能是，這個人認爲守戒是個人了生死的手段，並沒有利益眾

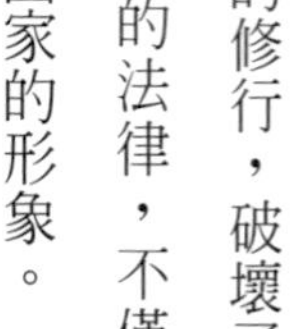

生，是自私自利的小乘人。爲了實踐大乘佛教義理自利利他、普度眾生的目的，不必嚴格持戒，應該和凡夫一樣隨意，才能接近他們，宣揚佛法。因此，犯了戒也不知改過，還以爲這是權宜作法。」

說完這些，道宣望著青翠的遠山，陷入沉思，不再說話。可是他的腦子裡卻波濤洶湧：「一個人做了出家這麼重大的決定，應該就是想要離斷家庭所帶來的煩惱、了脫生死，不再六道輪迴。因此，一切會增長煩惱的東西，例如：情愛、錢財、地產等物，都應該盡量遠離。如果不得已，也要以管理人的態度，好好地愛護使用，不得占爲己有。因爲煩惱增長了，會妨礙修定，無定也就無法開智慧，沒有智慧談什麼解脫生死呢？」

想到這裡，道宣律師無奈地搖搖頭、嘆口氣，轉身又往前走。緊跟在側的文綱不敢打斷師父的思緒，只有默默地跟著，卻露出一副欲言又止的模樣。

其實文綱已經隨侍道宣律師多年，不是不知曉律師的行持，也不是不了解戒律對僧人及僧團的重要，可是仍有些疑惑存在心裡，今天正好趁此機會，請師父說個明白。

文綱的疑惑是：在他所研讀的律學裡，常提到天竺的僧人著糞掃衣❷、托缽及結夏安居❸時應該注意的事項，但是這些規矩在中土並不沿用，僧人該不該遵守呢？

道宣律師好像沒注意到文綱的表情，只是一心一意地往前走。他沒看到熟悉的老樹，也沒看到遮天的芒草，更沒聽到嘩啦啦歡唱的水流，心裡想的是佛陀入滅前，對阿難所說的話。

當年，佛陀要入涅槃之前，所有的弟子都哀傷地站在旁邊。一向以多聞著稱的阿難，強忍住悲傷，請示佛陀：「佛陀，您住世時，我們依止您。以後您不在世了，我們依止誰？」

佛陀慈悲地囑咐大家：「佛在世時，以佛爲師。佛滅度後，以戒爲師。」

同時，佛陀也提醒大家：「一切眾生都有佛性，因爲持戒，才能顯現出來。見到佛性後，只要能持之以恆，就能成佛了！」

既然戒律這麼重要，怎麼能讓僧人隨意破壞呢？

「找到根本了！」

道宣高興地擊了一下手掌，猛然抬起頭來，才發現不知何時，他已走到孫思邈的故居。

望著沒有人居住的草屋，他想起和孫思邈對醫術和醫德的談話。他曾問：「醫術和醫德，哪個重要？」

孫老居士回答：「這是一體兩面的東西。沒有醫德，醫術只是騙人錢財的工具。可是光有醫德沒有醫術，卻不能解除病苦。所以二者要相輔相成、相互爲用，才能達到濟世救人的目的。」

此刻，若將它拿來套用在佛弟子的修學，也是相通的。

道宣律師站在草屋前，再度陷入深思：「一個清淨自在的出家人，彷彿就是德術兼備的醫生，既已解決自己生死的問題，也有能力幫助眾生脫離苦難。而一個身披袈裟卻不遵守戒律的沙門❹，是既沒有醫術也沒有醫德的郎中，不僅自己處在危險當中，更可能因爲下錯藥而害死病人。最慘的是，他直接破壞了佛教的形象，讓眾生對佛教失去信心。」

想到答案了，道宣律師一直緊皺的眉頭不禁舒展開來，嘴角也不自覺地蕩起微笑。

觀察細膩的文綱一看師父的臉色變好了，立刻提出自己的疑惑。

道宣律師慢條斯理地解釋：「其實，從天竺傳來的戒律，因爲風俗習慣及民情的關係，有些部分並不適合中土，例如你講的托鉢與結夏安居，在中土根本行不通。而有些律儀因翻譯的關係，語意不清，也讓人無所遵從。加上傳到中土來的戒律多偏重於個人的修持，所以才會讓部分僧人斥爲小乘。」

聽了如此的解釋，文綱不禁憂心地問：「如果繼續這樣下去，佛法就會被我們僧人自己滅了，該怎麼辦？」

「所以應該有個人出來，將佛門的戒律說明清楚，讓大家有個依循的準則。」道宣律師嚴肅地點點頭，繼續說：「我願意將我所學及多年修學的經驗，整理一套適合中土的戒律，讓中土所有的僧人有所依循。」

文綱立刻喜形於色，連連讚歎：「太好了！太好了！師父願意將所學和大家分享，不僅是所有學人期盼的，也是我們中土佛教的福音！」

於是，道宣律師根據已傳入中國的律法，做了徹底的研究。

當初，世尊弟子中最精通律儀的是優婆離尊者。因此，在首次集結律藏時，由他分八十次誦出根本律。但因時代的變革及傳法人見解的不同，最後傳入中土的律法，只有《十誦律》、《四分律》、《僧祇律》、《五分律》及《解脫律》等五部大律。而道宣律師的教授師智首律師，曾花了多年的時間，考證會校，寫成《五部區分鈔》一書，共二十一卷，成爲當時戒律的重要典籍。這些都是道宣律師參考查證的重要資料。

同時，道宣律師憶起他離開建業遊歷的過程，他注意到我們中國人是熱心、有人情味的民族，因此在學習佛法的過程中，難免因爲人情而忘了自己的本分。所以，如何把佛教的理論與實踐結合在一起，讓學佛的人，不管是在家居士或出家僧人，都能在日常生活中應用，並且隨時隨地拿出來自我檢查，以佛法改變自己的行爲、以佛法淨化自己的身心，並幫助別人也離苦得樂，進而達到究竟圓滿的境界……，這些都是道宣律師覺得亟待弘揚的。

而如何重建傳統佛教的權威，並改善僧團的弊病，建立僧人的新形象，更是道宣律師非常關心的事情。

當他釐清這些現象與觀念後，立刻著手撰述《四分律刪繁補闕行事鈔》，爲四分律提出個人的見解與綱領。接著他陸續寫出《四分律拾毘尼義鈔》、《四分比丘尼鈔》、《四分律刪補隨機羯磨》及《四分律比丘含注戒本》，專弘四分律，建立我國的中心律法。因爲道宣律師久居終南山，所以世稱道宣律師所弘的律法爲「南山律宗」。

❖ 註解 ❖

❶ 經行：禪修的方法之一。練習在走路時，動中修禪，也可以達到身心統一的境界。

❷ 糞掃衣：拾取被棄捨於糞塵中的破衣、碎布，加以洗滌後做成的袈裟，也稱百納衣。

❸ 結夏安居：又稱結夏，即在夏季的三個月中，僧眾不得隨意外出，以便專心

修行。

❹沙門：佛教對出家人的通稱。

04

以高僧大德爲榜樣

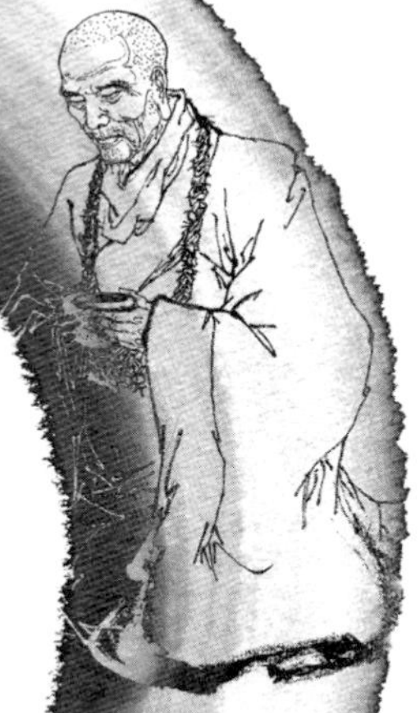

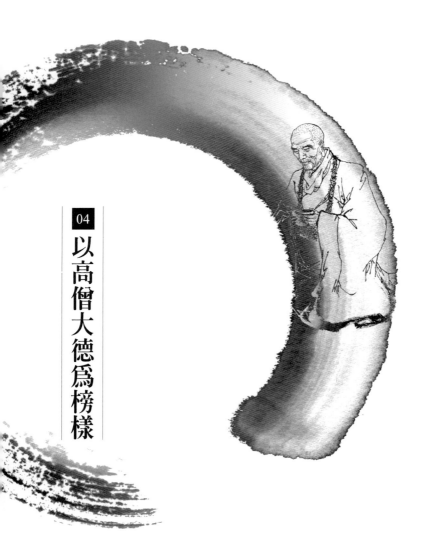

爲了撰述律學的相關文章，道宣律師曾一度離開終南山，到處參訪、遊歷，尤其是當時有名的高僧大德，如律學大師——法勵律師，都是道宣律師請益的對象。

每一位道宣律師請教過的高僧大德，都讓道宣律師覺得受益匪淺，印象深刻。因此，也讓道宣律師迸發出一個想法：如果我個人能因爲親近這些有修有學的高僧大德，受益良多，那麼……其他的沙門，要是有機會親近他們，一定也會受到影響。

爲了彌補無法實際親近的遺憾，他想起梁朝慧皎法師所編寫的《高僧傳》，是當時佛門裡公認的重要書籍。而收錄在《高僧傳》裡的僧人，每一位都是戒、定、慧三學圓融的大德，是道宣律師修學路上的指標與學習的榜樣。只可惜，《高僧傳》只收錄了梁朝天監十八年（西元五一九年）以前的高僧，讓人有時隔久遠的感覺，無法產生景仰的心。所以，道宣律師決定親自撰述，自梁朝天監年以後至隋唐年間，所有足以成爲僧人典範的高僧大德，讓學人有學習的典範。

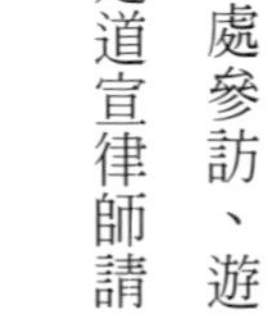

首先，道宣律師以大家口中一致讚揚的高僧大德爲撰述的對象，並親自到該高僧大德停留或駐錫❶的地方，實際訪察，並且引證佛門的史料記載，來強化說明該位高僧大德的修持與德行。

＊＊＊

道宣律師聽說有一位普濟法師，持戒非常嚴謹，於是他決定親自去看看。

他跟隨普濟法師的同門師兄弟，到普濟法師修行的地方。爲了不打擾普濟法師的日常課誦，同行的人帶他站在遠遠的地方，仔細地觀察普濟法師。

他的師兄小聲地介紹：「看到他身上穿的衣服沒？他大概有十年沒穿過新衣服了。衣服破了，只有修補，所以現在可以用『百結相聯』來形容！」

他確實看到普濟法師身上穿的衣服已經很陳舊了，縫補了很多地方，但洗得很乾淨。

這位師兄又指著普濟法師腳旁的一堆東西說：「那是他的缽和喝水的瓦

罐。平常用麻繩綁在一塊兒，掛在脖子上，修行打坐時才解下來。」

道宣律師注意到普濟法師除了這些東西，沒有任何裝衣物的箱籠或包袱。

「普濟法師打坐、休息時，只用乾草鋪在地上。他也從不躺下來睡覺，以免破壞了嚴格的修行。他講經說法時，從不談論高深的玄理，而是明白地告訴我們：『照著做！只有老老實實地照著佛經所教導的方法做，才會得力！』」

普濟法師的師兄說到這裡，又加了一句：「他是我們所有人的典範啊！」

道宣律師聽了這些話，不禁讚歎地說：「名利碰到這樣的人，就像小偷碰到官兵一樣，只能遠遠地躲開，一點兒也不能影響他呀！」

（見《續高僧傳》卷二十七〈遺身篇〉，「釋普濟傳」）

＊　＊　＊

在他尋訪高僧大德的路程中，難免會遇到一些商旅，因此也從他們口中聽到許多奇人軼事。而最吸引他注意的，莫過於功迥法師的事蹟了。

商人們七嘴八舌地說道：「那位法師好了不起啊！聽說，如果有信眾供養他，他一定把這些物品散發給大眾，一絲一毫也不留下來。」

「嗯！他只穿一身布衣裳，住在茅草屋裡，非常安貧寡欲喲！」

其中有一位商人突然大聲插嘴：「有一件事情，你們大概不知道吧？」

包括道宣律師在內，所有的人都豎起耳朵。

「什麼事？」

那人故作神祕：「有關他往生的事。」

一群人又嘰嘰喳喳地發問起來：「往生的事？」

「聽說有一些靈異發生。」

「快說！快說！到底發生了什麼事？」

看到大家急著想知道的模樣，那人故意慢吞吞地回答：「聽說，他早就知道何時要往生了！所以，有許多同參道友都趕來送他一程。我呢！俗人一個，跟著去湊熱鬧，但是又不敢進到他的茅屋裡，只能站在門外張望。

「只見他結跏趺坐，嘴裡念著『阿彌陀佛』。不一會兒，突然有一股香

氣，瀰漫在四周。那是一種我從沒聞過的香氣，聞過之後頭腦清新，精神振奮。

「接著，漆黑的天空有一道奇異的亮光，直射茅屋的窗戶。那亮光很亮卻不刺眼，甚至有一種清涼的感覺。

「等我們從驚異中回過神來，功迴法師已經往生了。他的容顏非常祥和，彷彿只是進入很深的禪定，一點兒也不像是死去的人。」

所有的人立刻又發出讚歎聲：「這才了不起嘛！」

「唉呀！我沒有躬逢其盛。可惜！可惜！」

「我就知道，以他的修行，一定有修有證，果眞不凡啊！」

然後，同行的商旅都慫恿道宣：「師父，您應該到他的茅屋去看看，一定會有收穫。」

其實，不用其他人的慫恿，道宣律師已經決定走訪功迴法師的茅屋，以便爲這位連俗人也稱讚的法師作傳。

（見同書卷十三〈義解篇〉，「釋功迴傳」）

＊＊＊

接著，他又聽說有位叫釋道休的僧人，戒、定、慧三無漏學❷都圓融無礙，所以圓寂以後，屍身不腐，可見他已證道，可以增進所有佛門弟子的信心。於是，道宣又親自前往憑弔，並且把這件事情詳實地記錄下來：

「剛剛入冬，我就來到道休法師圓寂的村子。村裡的人爲了禮拜他，特別蓋了一座寺院來供奉他的肉身。

「我跟著村民來到寺裡，看到這位令人敬仰的肉身舍利❸。只見他又瘦又乾，皺皺的皮膚緊緊包著骨頭，可是容貌卻沒什麼改變，依舊很慈悲，讓人打從心理生起敬意。而他，雖然已經圓寂多時，卻仍然安坐如故，彷彿只是進入禪定而已。」

（見同書卷二十七〈遺身篇〉，「釋道休傳」）

＊＊＊

道宣律師不僅親訪本國的僧人，同時也訪問西域來的僧人。他聽說西域諸僧爲了不殺害蠶蛹，所以不穿絲絹做的衣服，而是以布料或毛氈做袈裟。因此，他特別訪問了來自龜茲國的僧人，證實了這項傳聞。

接著，他聽說鄴地（今河南省）有位叫釋圓通的沙門，有一些神妙的感應，令他很好奇，所以特別趕到那兒去。

果然，當地的人全都在談論這件事情。就在茶館的轉角，有位老者正說得口沫橫飛，周圍的人則聽得如癡如醉。道宣律師立刻擠進人群裡，一起聽。

「圓通法師往東走了幾里，看到一道小溪流。溪流雖淺，兩旁的樹木草葉卻長得很茂盛。當圓通法師沿著溪流繼續往東走時，忽然聽見南邊的山嶺上，有人高聲地誦經。

「圓通法師大聲地請問：『請教，竹林怎麼走？』

「誦經聲立刻停下來，反問道：『您打哪兒來的？是不是圓通法師？』那個人好似知道圓通法師要來，故意等在那兒。」

說到這裡，老者停下來喝口水，聽眾馬上小聲地議論起來：「哇！好厲害

呀！知道他要去耶！」

「所以，都不是凡人嘛！」

老者拉拉衣襟、咳嗽了幾聲，示意要開始了，眾人立刻安靜下來。

「圓通法師都還來不及回答，樹叢後就鑽出一個人來，滿臉笑容地對他說：『法師，請隨我來！』

「圓通法師隨著那人，在樹林和雜草堆裡鑽來鑽去，走了好幾里路。圓通法師正在納悶時，眼前忽然豁然開朗，一幢高大的寺院，出現在他眼前。

「只見兩扇巍峨的大門，大大地敞開著，歡迎他的到來。走進門裡，長長的走廊，幾乎看不到盡頭。繁複的庭園樓閣，也看得人眼花撩亂。但是，院落中挺拔的綠竹青松，卻讓人心情輕鬆、舒暢。」聽到這些描述，聽眾此起彼落地發出讚歎聲。

老者不理會他們，繼續說：「那人將圓通法師帶到一扇門前，開口說：『請您稍候，我去通知大和尚。』而圓通法師還來不及好好欣賞庭院中的景致，那人已經走出來，引領著他走到西廊下的講堂。

「圓通法師看到有位大和尚坐在一張高椅子上，正在整理文書。大和尚的年齡大概九十幾，樣子像是天竺人，長得很不凡，令人肅然起敬。他的旁邊有五、六十個童子，也在幫忙整理東西。

「圓通法師一看到大和尚，驚訝地說：『您不是賓頭盧❹尊者嗎？在許多大乘經論裡都記載，賓頭盧、羅睺羅❺等十六位尊者，散居在諸大名山及水域。有些經論也說九十九億大阿羅漢，將常住在世間，守護正法。現在我眞的親眼瞧見了！』」

接下來聽眾的歡喜讚歎及議論聲，嗡嗡地響起，把老者的聲音全蓋住了。不得已，道宣律師只好把站在他身旁的一個年輕人，拉到另一個安靜的角落問：「圓通法師去的地方，離這兒遠嗎？」

年輕人一臉的敬畏：「不遠！不遠！往西北走幾里路就到了。」

道宣律師拉著他不放，繼續問：「有人去過嗎？」

「每天絡繹不絕呢！」年輕人興致勃勃回答：「如果您也想去，我可以帶您去！」

路上，道宣律師從年輕人的口中知道，現在那兒建了一座「石窟寺」，寺裡的僧人常聽見不知從何處傳來的鐘磬梵唄聲，聲音清脆嘹亮，在山林裡迴響許久。年輕人最後加了一句：「我相信圓通法師碰到的事情絕對是眞的！我也認爲那兒一定有神宮仙寺，只是我們的福報不夠，看不到罷了！」

看到年輕人精神奕奕的臉龐，以及信心十足的語氣，道宣律師覺得中土的佛教很有希望。

到了那兒，道宣律師看到有個橫在山頂的大石頭，不禁好奇地問：「那個像鼓的大石頭，有什麼典故嗎？」

年輕人又熱心地回答：「那是石鼓。我們這附近的人都相信，石鼓如果響起來，就表示天下要大亂了！」

「石鼓曾自動響過嗎？」

「有啊！隋朝末年的時候，石鼓響了幾天幾夜，沒多久，現今的天子滅了隋朝，建立了唐朝。當時，我們村裡許多父老都聽到鼓聲了呢！」

道宣律師雖不主張佛弟子以神通來說明或強化佛門的威望，但是有修有德

的僧人，因個人的修持而有感應的事跡，卻足以激勵其他的僧人。因此，道宣立刻將他的所見所聞，詳詳細細地記錄下來。

（見同書卷二十五〈感通篇〉，「釋圓通傳」）

＊　＊　＊

道宣在訪談的過程中，不僅注意僧人個人的修持，同時也細膩地注意到路上或僧人居處附近的景致。他會把看到的山川形勢，瀑布、流水、湧泉、洞穴的奇景，或寺院、殿塔建築的形式，圖像、佛像的描摹，甚至人事的流轉、變化，都寫進記載裡，讓後進學人可以觀看到全部的面貌。

例如他在〈釋法誠傳〉中，介紹了法誠法師所建造的佛寺：「法誠法師在南橫領導大眾建造了華嚴堂，堂前有一大塊空地，面對著一重一重翠綠的山巒，形成一道天然的屏帷。右邊臨著斜谷，景致很好，早晨和傍晚時，雲霧會積聚、盤旋，彷彿山巒自己在吐納、呼吸，給人一種舒暢的感覺。

「在山谷裡遠眺，可以看到很遠很遠的地方，對培養寬闊的胸襟，一定有很大的幫助。我親自到了這裡，掛單了幾天，享受了這裡的清幽與美景，覺得這裡是不可多得的好地方。」

（見同書卷二十八〈讀誦篇〉，「釋法誠傳」）

* * *

道宣律師到處走訪、考察各項口頭傳聞或史料搜集。

就道宣律師的經驗，不管是口頭或書籍的流傳，都有被增添、誤寫、竄改或潤飾的可能，會影響傳記的眞實性。但有一種資料是可靠而且翔實的，那就是刻在石頭上的碑文或銘文。因爲金石碑銘在刻寫之前，字句、事實總是經過再三地斟酌與考慮，一經刻上後，後人也無法任意地修改。

於是，道宣律師利用碑文與傳記的相互印證，詳細地記錄了僧人的姓氏、籍貫、修學、經過、重要專長、行事、著述、圓寂的年月日及追隨的弟子等，

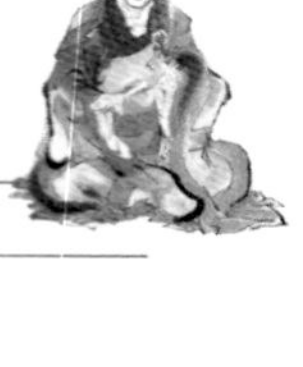

更增加了傳記的可信度。

所以，碑刻史料的引用，例如墓碑、碑銘、舍利塔碑、塔記及記德文等各種記載有關僧人的文章，後來成爲道宣律師使用、搜集最多的資料。

爲了撰述《續高僧傳》，道宣律師走遍了大江南北，尋訪了黃河兩岸，甚至遠走到長城外面，點點滴滴的搜集、整理、記錄、撰述，總共花了五年的時間，參訪了無數的善知識，終於在唐貞觀十九年（西元六四五年），完成了《續高僧傳》撰述的工作。

《續高僧傳》共分：一、譯經。二、義解。三、習禪。四、明律。五、護法。六、感通。七、遺身。八、讀誦。九、興福。十、雜科聲德等十個篇目，總共三十卷，正傳三百四十人、附見一百六十人，貫穿梁、隋、唐三朝共一百四十四年的鉅作，成爲研究中國佛教最重要的典籍。

❖註解❖

❶駐錫：禪林中僧人居留在一個地方，又叫作掛搭、掛錫。

❷三無漏學：凡夫有煩惱、垢染，稱為有漏；聖者清淨沒有煩惱，稱為無漏。故說聖人的「戒、定、慧」是三無漏學。《楞嚴經》卷六提到：「攝心為戒，因戒生定，因定發慧，是則名為三無漏學。」

❸肉身舍利：高僧和大善知識往生後，他的身軀經過時空變遷，歷經多年不腐朽潰爛，仍然保持原形、栩栩如生。

❹賓頭盧：佛陀弟子，十六阿羅漢之一。因曾現神通於世人之前，受佛陀訶責，不許其入涅槃，永住於世度化眾生，並為末法四眾做福田。

❺羅睺羅：被譽為「密行第一」，佛陀的十六弟子之一。他原是佛陀的兒子，在兒童時期就跟隨佛陀出家，僧團中因而有沙彌。

05

參與譯場

當道宣律師在終南山潛心修學、撰述時，中原地區發生了一件令人振奮的事情。這一年，是唐朝貞觀十九年（西元六四五年），這不僅對佛教是深具意義的一年，對中國來說，也是影響深遠的一年。

當年的二月，到西域取經的玄奘大師，歷經了千辛萬苦，終於從天竺請回佛像、佛舍利及梵文佛經五百二十夾，六百五十七部。

這個大消息立刻隨著風，吹到了終南山，讓道宣律師也聽聞了。令道宣律師高興的是，玄奘大師才回到長安，立刻被唐太宗迎進洛陽，兩人長談了許久。

原來崇尚道家的太宗，看到玄奘大師沉穩優雅的儀表，與過人的口才，非常歡喜，立刻改變以往對佛教輕忽的態度。

最讓人興奮的是，玄奘大師適時提出譯經的請求，竟然得到太宗的支持，甚至指定長安弘福寺爲國家的譯場，並指派留守長安的司空梁國公房玄齡配合協助所有譯場的需要。

聽到這樣的好消息，道宣律師忍不住歡喜地告訴自己：「實在太振奮人心

了！」他想到許多人對佛教的誤解，以及官兵們對僧人的不尊重，現在都因爲有皇上的護持，佛法得以發揚光大。

接著，一件件令人高興的消息，陸續地傳來。

首先是，梁國公接到聖旨後，馬上命令有關的部門：「凡是譯場的需要，務必立刻供給，不得稍有欠缺！」

於是，玄奘大師開始著手籌組譯場，做譯經的準備。並且發函邀請當代精研佛典的高僧大德參與譯經的工作，而道宣律師亦在受邀之列。

那一年的五月初，被徵選爲譯場工作的大德，全都到達長安弘福寺，等候玄奘大師分派工作。

道宣到達的那一天，首先隨著知客僧❶參觀了弘福寺。

原來隨侍道宣律師多年的弟子文綱，因爲要主持紵麻蘭若的寺務，不能跟來，改由一個年幼的小沙彌，幫忙打理道宣律師身邊的瑣事。

從小住在終南山的小沙彌，未曾來過京城，乍看到這般繁華的景象，不禁轉動著眼珠、四處張望，嘴裡不時發出小小的驚歎聲：「哇！好多高樓喔！」

「咦？又不是過年，街上怎麼這麼多人啊？」

「外面很熱鬧，弘福寺裡卻很安靜哩！」

和終南山的青山綠水相比，京城裡的高樓華屋，顯得虛浮而醜劣。但是身處鬧中取靜的弘福寺，卻別有一番熟悉的感覺。

「這弘福寺雖然小，環境卻很清幽，很適合譯經。」道宣律師滿意地點點頭。

接著，道宣律師被引見其他的法師，這些法師個個都是精通大小乘經論，爲當時各方所推崇的高僧大德。已經年近五十的道宣律師，雖然見過許多世面，並有多本重要的著述，可是看到這麼多高僧大德齊聚一堂，仍然難掩心中的雀躍，不住地讚歎：「多殊勝的因緣啊！能和這些在道業上有所成就的大德一起爲佛教貢獻心力，實在太難得了！」

五月十日前後，參與譯經的僧眾全部到齊了，所有的物品也準備妥當，籌備工作算是告了一個段落，可以開始譯經了。

於是，玄奘大師將大家召集過來，做了簡單的開場白：「我們都知道，佛

經的翻譯，自東漢時代就已開始了，不過當時大都是僧人們各自譯些小經，並沒有國家主持的大型譯場，統一規畫譯寫的規則。

「東晉以後，中土的譯經工作才發達起來，鳩摩羅什大師主持的譯場，除了奠下良好的譯經基礎外，也開始大規模的譯經，讓經書得以普遍流通。

「我相信各位都讀過鳩摩羅什大師所譯的經典，文字優美流暢。那是因為大師熟悉梵文，也精通中文。譯經時，主要由他口譯，別人筆錄。可是後來從事譯經的人，素質就沒那麼好了，可能是不懂梵文的中土僧人，或是不精通漢文的異國僧徒，所譯的經典，語意皆不通，令學人無所適從。因此，玄奘才發心，要去天竺取回經典，翻譯給中土的僧眾。現在有各位大德的幫忙，相信一定能譯出語、意都合乎需要的經卷。」

接著，玄奘大師介紹譯場的工作畫分，共有十組，分別是：㈠譯主；㈡證義；㈢證文；㈣筆受；㈤書字；㈥綴文；㈦參譯；㈧刊定；㈨潤文；㈩梵唄。

道宣律師與京城普光寺的栖玄法師、弘福寺的明濬法師、會昌寺的辯機法師、簡州福聚寺的靜邁法師、蒲州普救寺的行友法師、棲巖寺的道卓法師、豳

州昭仁寺的慧立法師、洛州天宮寺的玄則法師，同被分配到綴文一組，將譯好的經文，重新調整或連綴，以符合漢文的文法。他們工作得很賣力，所潤飾的經卷品質良好，因此被推爲「綴文九大德」。

雖然他們個個都是文字高手，可是在工作時也碰到不少難題。有一天，他們不得不停下手邊的工作，互相討論起來。

首先是慧立法師說：「這『薄伽梵』是什麼？如果我們都不懂，不能把它明白地說清楚，其他的學人怎麼會懂呢？」

熟悉律藏的道宣解釋道：「『薄伽梵』又作婆伽婆，是『世尊』的意思，還有其他五種意思。」

靜邁法師接口：「我們都知道，世尊有如來、應供、正遍知、明行足、善逝、世間解、無上士、調御丈夫、天人師、佛、世尊等數個名號，可是總不能每次把這些名號全都列出來吧！」

道卓法師也提出疑問：「那麼『閻浮樹』呢？這種植物好像咱們中土沒見過！」

「依我看，『般若』最難翻譯與解釋了。」行友法師跟著提出自己的看法：「如果我們將它譯爲智慧，恐怕易與世俗所稱的智慧混淆，並有淺薄的感覺。如何將它的原意傳達出來，並讓所有的學人讀來有特殊的感覺，可是一項大學問！」

接著，栖玄法師、明濬法師、辯機法師及玄則法師，也都提出自己遇到的難題和見解。可是大家討論了許久，卻沒得到一致的答案。

這時，另外幫玄奘大師整理《大唐西域記》的辯機法師提出了一個建議：「我相信在未來的時日裡，大家一定還會遇到類似的問題，不如我們現在就請譯主做個裁決，定個辦法出來，大家以後就有個規矩可循！」

這個建議立刻獲得眾人的同意，因此他們的問題很快就反應給譯主知曉了。

而所謂的譯主，也就是主譯人，他必須精通中、梵文，並且對大小乘經論都有深入的研究，同時有能力解決翻譯過程中的任何疑問與困難。這個工作，先由玄奘大師擔任。

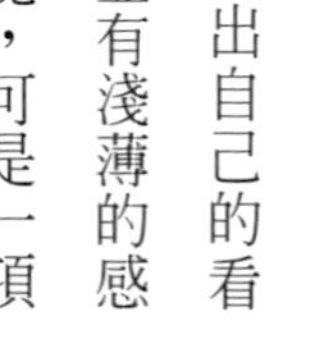

玄奘大師聽完綴文組的問題後，點點頭說：「的確，這是個大問題，其他組別的人也有這些困擾，我會盡快想出解決的辦法。」

沒多久，譯場裡就貼出一張「五不翻原則」：

一、祕語語不譯，如陀羅尼。陀羅尼有四種，其中一種爲咒陀羅尼，是佛菩薩從禪定中所發的祕密言語，有不可思議的神驗，無法翻譯。

二、語含多義不譯，例如：薄伽梵一語，含有六種文意，無法在經論中完全表達，所以保留原語，不予翻譯。

三、中土沒有的東西不譯，例如：閻浮樹。

四、順古意故不譯，例如：阿耨多羅三藐三菩提，古來的經論裡已使用，不再另譯。

五、爲產生善念的緣故，所以不譯，例如：般若。般若二字，實含有深廣的意思，可以讓聽聞的眾生產生信念。若勉強譯爲智慧，反而有淺薄的感覺，並且易與世俗所稱的智慧混淆，因此只音譯爲般若。

所有參與譯場工作的高僧大德看了之後，都稱揚讚歎起來：「了不起啊！

這麼嚴謹的譯場規矩。」

「有了這些規矩，一定能譯出符合咱們中土需要的經論來！」

「後進學人有福了！」

「我們自己也學到很多啊！」

這樣的讚歎，即使不在譯場工作的小沙彌也聽聞了。

就在譯場貼出「五不翻原則」的第二天傍晚，道宣律師結束一天的工作，回到寮房，就看到小沙彌一臉興奮，嘴裡嘰嘰喳喳地說著：「師父，大家都說玄奘大師好了不起喔！他組織的譯經場不僅得到皇上的支持，也是全國最大的。」

道宣律師微笑地點點頭，並沒答腔。

小沙彌一邊幫道宣律師倒茶，一邊繼續說：「大家還說，玄奘大師規畫的譯場組織最嚴謹，是以前譯場所沒有過的。」

道宣律師啜一口茶，問道：「怎麼說最嚴謹？」

「因爲有十組人，分門別類的做不同的工作。」小沙彌興奮地解釋：「雖然大家各做各的，但卻可以相輔相成翻譯出語意都完整的經論。」

道宣律師知道，小沙彌只是在轉述他的聽聞，並不了解這些話語的眞正意思。若要他說出自己的見解，恐怕也說不出這麼精闢的言論來。可是，對一個從小生長在山裡的孩子來說，有這個機會接觸其他高僧大德的隨侍弟子，聽聞佛學的種種，也是很好的機緣。

所以，道宣律師決定不打斷他的興致，繼續聽他說。而小沙彌也因爲太高興了，無視道宣律師的表情，繼續自己的聽聞：「大家又說，昨天貼出來的『五不翻原則』更了不起！它是玄奘大師所創立的，以前的譯場從未制定過，相信將會影響後代的譯經工作，並流傳很久很久！」

道宣律師同意地附和：「是的，這的確是了不起的翻譯原則，不僅我們現在受益良多，後代參與譯經工作的學人都將因此受惠！」

聽到自己的師父也肯定這項原則，小沙彌轉而請求：「師父，談談您和那些高僧大德在譯場裡工作的狀況，好嗎？綴文會不會很難？碰到問題的時候，怎麼辦？」

「綴文不是很難，也不是很容易。當然也會碰到一些問題。」

道宣律師看一眼滿臉期待的小沙彌，慢慢地說：「對這幾位高僧大德來說，深厚的漢語基礎，絕對可以勝任綴文的工作，所以工作本身難不倒大家。反倒是碰到見解不同的地方時，能否放棄自己的堅持，同意別人的看法，這才是最困難的。至於有疑義的地方，我們會請玄奘大師做個裁決，只要玄奘大師做出決定了，大家一定服從。」

小沙彌眼睛發出亮光地嚷起來：「師父，這麼聽來，玄奘大師眞的很了不起，對不對？」

道宣律師嚴肅地回答：「就玄奘大師個人的修學來說，這是無庸置疑的。玄奘大師不僅漢文的基礎很好，也精通梵文，所以一看梵文經論，就可譯出流暢的漢文來。」

道宣律師不僅口裡讚揚玄奘大師，在他所撰述的《續高僧傳・譯經篇》中，也寫下對玄奘大師的讚美：「我們所翻譯的文字，可以說，都是玄奘大師的意思。因爲玄奘大師不僅精通漢文，梵文也有很深的造詣，因此隨手拈來就可譯成優美的文辭。即使是順手寫下的文句，也是一篇好文章，教我們挑不出毛病。只要是他翻譯的經論，不管是漢翻梵，或梵譯成漢，全都正確無誤，並且辭藻優美通順，眞的非常了不起。」

道宣律師住在弘福寺，和玄奘大師共事了一年，盡力配合譯場工作。後來因爲治學的關係，離開了國家譯場，返回終南山，住進豐德寺，繼續他未完成的撰述工作。

幾年後，高宗皇帝即位，爲了表示護持佛法的心意，在京城新建了一座寺院，取名「西明寺」，延請德高望重的道宣律師擔任上座。當時，一共建有十三個院落，一千八百九十七個房間的大慈恩寺早已完成。擔任大慈恩寺住持的玄奘大師，再度邀請道宣律師參與譯經的工作，道宣律師欣然前往。

位於大慈恩寺西北角的翻經院，是專供譯經之用，裡面所有的設備非常完善，絕非小小的弘福寺可以相比。道宣律師看到牆上所懸掛的譯場組織圖和五不譯的原則，覺得很親切。同時，他也注意到新增加的「釋經八備」。

道宣律師站在牆壁前，細細地咀嚼這「八備」：

備一、譯者要發眞誠心，護持佛法，幫助眾生，所以譯經要有恆心，不怕時日久遠。

備二、譯者自身要牢持戒律，遠離種種污染，保持身心清淨。

備三、譯者要通曉經律論三藏，了解大小乘，並且文筆順暢。

備四、譯者除需具備專業知識，亦不可忽略普通常識。

備五、譯者要虛心，能容納各方的批評與意見，不可固執己見。

備六、譯經是影響深遠的工作，切勿爲了博取好名聲，而來擔任這項工作。

備七、譯者不僅要熟悉梵文，也要懂得翻譯的技巧，才不會弄錯了原本經文的意思。

備八、譯者要能熟練掌握漢文，方能譯出優美流暢的文章。

看到這麼嚴謹的注意事項，道宣正要撫掌稱讚時，耳邊傳來渾厚洪亮的聲音：「這是高僧釋彥琮所立的『釋經八備』，玄奘覺得對譯場應該有幫助，所以就把它抄錄下來了。」

不知何時，玄奘大師已來到道宣身旁。道宣因爲太專注於研讀「釋經八備」，竟渾然不覺。這會兒趕緊合掌一揖：「阿彌陀佛！法師能夠這樣仔細，是吾等學人應該學習的。」

玄奘大師立刻回禮：「不敢！不敢！玄奘只是略盡棉薄之力，還希望能拋磚引玉，有更多的人參與並重視譯經的工作。」

道宣正想開口，請求玄奘大師談談他對戒律的看法時，玄奘大師的侍者匆匆來告：「皇上請法師進宮，爲院內的嬪妃宣講佛法。」

不得已，他們兩人只有互道一聲「阿彌陀佛」，便各自離開了。但是，這一次面對面的談話，留給道宣律師很深的印象，也更加注意玄奘大師的一舉一動。

他發現玄奘大師的生活，非常忙碌。太宗在位時，因爲仰慕大師的丰采，常不定時地邀請大師入宮，爲他宣講佛法。要不，就邀請大師到處去賞景、遊覽。高宗繼位後，也一秉這樣的傳統，常常邀大師進宮，或宣揚佛法或遊賞、

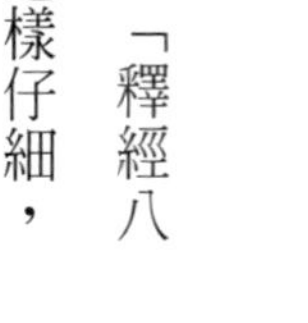

清談。

因爲皇室看重佛法，連帶王侯將相也開始親近佛法，常常攜家帶眷地湧入大慈恩寺，要求大師爲他們開示、授戒。除此之外，普通的老百姓更是絡繹不絕，把大慈恩寺的大殿和庭院擠得水洩不通，只希望能一睹玄奘大師的面容。

看到這種景象，道宣律師在心裡猜想：這般的忙碌，如何能譯經呢？我看譯經的進度恐怕落後很多了！

但是，道宣律師很快就發現自己猜錯了。

這一天半夜，道宣律師依照往常的習慣，在自己的鋪位上打坐。出靜起身後，他決定到庭院裡去伸伸手腳。

沉沉的夜裡，似乎所有的東西都入睡了。花草樹木低垂著枝枒，不再隨風擺動；彎彎的月牙被幾片澄亮的薄雲覆蓋著，也彷彿進入了夢鄉。就在這一片靜謐、漆黑中，獨獨有一個房間亮著燈光，顯得特別搶眼。

「會是誰？這麼晚了，還沒休息！」道宣律師好奇地朝那間屋子走去。

不意，他的腳步聲驚動了屋裡的人，屋裡的人立刻揚聲問道：「哪位？」

是玄奘大師渾厚洪亮的聲音。

「是我，道宣！正想知道是誰這麼晚了還沒休息？原來是玄奘大師！」道宣趕緊停下腳步，高聲回答。

「原來是道宣律師！」玄奘大師拉開木板門，邀請著：「請進！請進！」

道宣律師小心翼翼地走進門，飛快地打量一下房間。房間並不大，陳設也很簡單；一張木板床，上面鋪著薄薄的被褥。牆角的木架上，放了幾個老舊的箱篋，大概就是陪著法師走過千山萬水的行李箱。這些物品對道宣來說，其實是很熟悉的，因爲幾乎所有的高僧大德都是身無長物，除了三衣一缽，其他都是多餘的。

可是，當道宣律師把眼睛轉到桌上時，眼睛不禁爲之一亮，衝口而出：

「法師這麼晚了，還譯經？」

「是啊！那也是每天的功課，沒做完，不應該休息的。」玄奘大師隨手帶上門，輕聲地回答。

「可是您白天已經很忙碌了，應該早點休息，才有體力啊！」

「玄奘所以不辭辛勞，遠去天竺求學、取經，花了十七年的光陰，爲的就是要讓佛法在中土發揚光大。現在經書已經在手邊了，怎麼可以因爲事務繁忙，而延誤了譯經的工作？何況，寺院裡的工作再繁重，也不會比在沙漠裡找水辛苦，當時都能熬過來，相信現在更沒有問題。」

玄奘大師西去求法的事蹟，在他所著的《大唐西域記》，都有詳細的描述，道宣律師早已經拜讀了，所以可以想像。可是經過一天忙碌的接待訪客、宣講佛法後，大師還自訂相當份量的譯經範圍，嚴格規定自己每天要譯完，這樣的工作就不是每個人可以堅持得了的。

「大師爲眾多學子奉獻的精神，道宣自嘆不如啊！」

玄奘大師謙虛地搖搖頭：「多少高僧大德燃臂供佛，以示度眾生的決心，玄奘還做不到呢！只能盡一己之力，還盼望各位大德一起促成。」

爲了不影響法師的工作，道宣律師說一句：「不多打擾！」趕緊辭別回房。

當他退回自己的房間後，回頭遠望，玄奘大師房裡的燈火仍然沒有熄滅。

事實上，這盞燈一直到天濛濛亮了，才吹熄。然而這時大殿上已響起打板的聲音，催促大家起床了。

後來，道宣律師又聽玄奘大師的侍者描述法師一天的生活。清晨，在大眾還沒起床之前，法師已經先起床了，讀誦梵文經本，並用硃筆點出今天要翻譯的段落，擬定一天的工作份量。

白天的日課結束後，皇室的邀請、王公大臣的拜見，以及一般販夫走卒的請求開示，把一天的行程排得滿滿的。

同時，他還要勻出時間，開講經論。因爲對佛學有興趣的朝廷大臣、學者、名士、俗人，或前來參學的僧人及本寺的僧人，程度都不相同。因此，他把佛學分成「佛教」、「佛學」、「學佛」三個單元，按照聽眾的程度，固定時間，分組授課。

「佛教」，是講解本師釋迦牟尼佛的遺教；「佛學」，講解佛學的思想及求證的方法；「學佛」，則講解如何實踐釋迦牟尼佛所教導的求學方法。

到了傍晚，俗人都散去以後，他又得以大慈恩寺住持的身分，解決寺裡的各項問題與請示。雖然事務非常繁重，但是玄奘大師總是能一一回覆、從容應付，毫無不耐或疲倦的神色。

這麼一忙，已近大半夜，等大眾都去休息了，玄奘大師才回自己的房間，趕譯可能落後的部分，一直做到有停止符號的地方，才會停筆。然後念佛、經行，一定要做完晚課，才眞正上床休息。可是這時，天幾乎都快亮了。

聽完法師侍者的描述，道宣律師打從心裡佩服起來：「這麼偉大的人物，歷史上能有幾人呢！我一定要將他記錄下來，做爲後人學習的榜樣！」

在《續高僧傳》裡，道宣律師不僅寫下他個人對玄奘大師的佩服與景仰，並把玄奘大師對中國佛學偉大的貢獻記錄下來，讓世人永遠學習效法他。

❖註解❖

❶知客僧：寺院中負責迎送賓客、安排照料賓客生活起居的出家人。

06

一代祖師

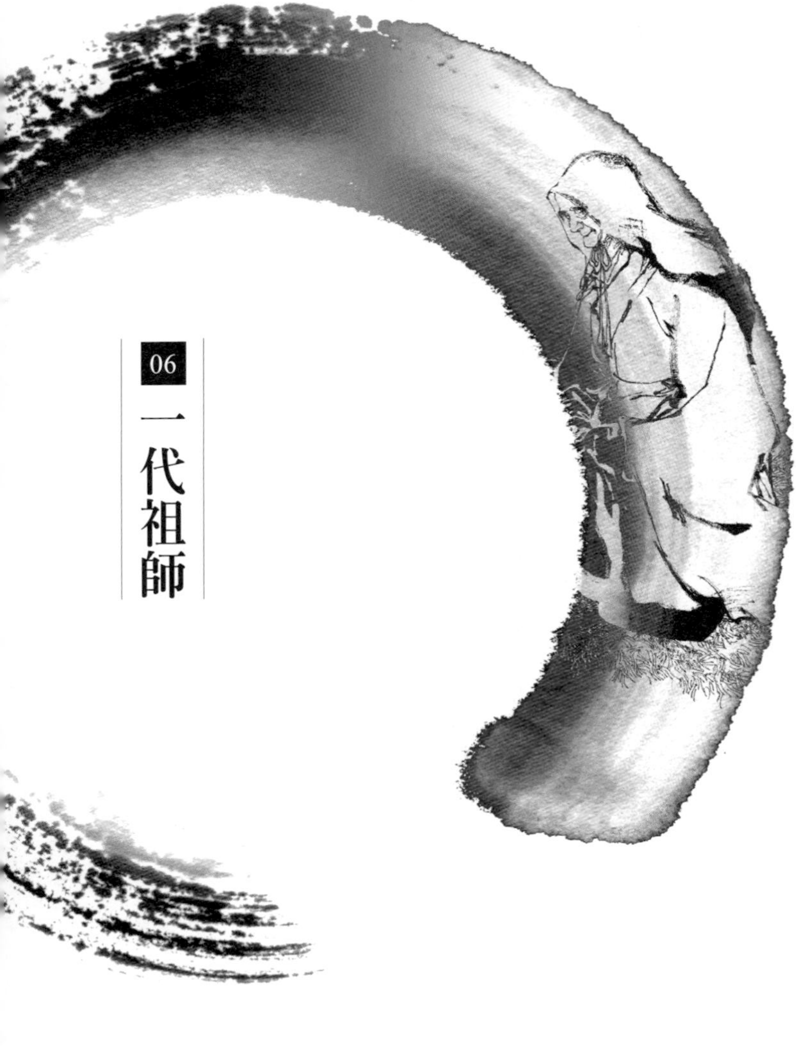

隨著一代高僧參與譯場「綴文」的工作，不僅讓道宣律師在人格上有沉穩的成長，在道業、撰述上也都有長足的進步。

時間飛快，唐高宗乾封二年（西元六六七年），道宣律師已七十二歲高齡，離開終南山住持西明寺也有十個年頭了。雖然他年歲已大，事務繁多，但仍然不捨嚴謹的戒律，並且戮力於撰述的工作。

這一天，他在忙完一天的工作後，到庭院散步。庭院的水池裡，一朵朵蓮花開得正大，迎風搖曳，散發出陣陣的清香。一直陪侍在旁的弟子文綱開口說：「師父，看到這個水塘，讓我想起以前在終南山白泉寺的泉水。」

道宣律師瞪著蓮花看，嘴裡應著：「嗯？怎麼樣？」

「一樣的清澈，一樣的甘甜。」

「很好，希望也像觀世音菩薩的甘露水一樣，可以清涼身心。」

「師父，」文綱法師喚了一聲，繼續說：「我記得，師父說過，初到終南山的事……。」

道宣律師回頭望望弟子，問：「我說了什麼？」

「您說，您初到終南山時，因爲找不到水源，曾有一位老者來指示您。您按著老者用手杖所指的地方，開始挖掘。沒想到，才挖了一尺多，眞有泉水奔流出來。這時，您回頭要謝謝老者，他竟已不知去向了。於是，您將建在泉水旁的寺院，取名爲『白泉寺』。」道宣律師點點頭：「這世上，有許多爲善不欲人知的人，讓我們打從心裡感激他們。」

「他是人嗎？我以爲他是山神，特別來幫您的忙呢！」

「山神？幫忙？」

「是啊！就像天人供養您食物一樣！」文綱法師很肯定地說。

道宣吃驚地瞪大眼睛：「天人供養食物？誰說的？」

文綱看到道宣的模樣，以爲他生氣了，趕緊解釋：「我們猜的！因爲您的桌上有一顆我們從沒見過的水果，已經擺了好幾年了，不僅香味沒有改變，樣子更沒改變。加上您每天只吃一餐飯，份量又很少。所以我們就大膽假設，一定有天人供養您，您才能有如此的精神與體力。」

道宣微笑起來：「你是我的侍者，應該讀過我撰寫的《續高僧傳》裡的

〈感通篇〉，當中記述許多高僧大德不可思議的感應事蹟，可以知道，只要肯嚴格持戒、精進修學，絕對有龍天護法的護持，毋須猜測。」

聽了這些話，文綱不好意思地抓抓頭，又問：「師父，還有一件事情，弟子想請教，不知可不可以？」

道宣看看這個長期陪在身側的侍者，微笑地說：「當然可以，你說吧！」

「師父，因爲您一生的行持、豐富的著述，加上在終南山時，有龍蛇來謁的傳說，許多人對您很好奇，說您是梁朝的僧祐律師來投胎轉世的，您聽了覺得怎麼樣？」侍者一口氣說完這麼一大串，邊說還邊用眼睛瞟了瞟道宣律師。

「這個說法倒是有趣！」道宣律師呵呵地笑兩聲，在庭院旁的石椅上坐下來。

「如果眞是如此，也算是一件很好的事情啊！」

那笑聲含著鼓勵的作用，於是侍者又大著膽子說：「我們覺得應該是！因爲僧祐律師有律學著述、護教文集、經典目錄及僧傳方面的論述，而您正好也有這四個種類的著作，不是很相似嗎？而最令我們信服的是，僧祐律師著有

《弘明集》，您則著有《廣弘明集》。僧祐律師著有《出三藏記集》，您也寫了一本《大唐內典錄》。所以，您若不是僧祐律師再來，怎能有如此的想法呢？」

道宣律師聽著這些話，並沒有露出不悅的面容，依舊微笑點頭，等侍者說完後，才接口說：「其實，這也不是不可能，咱們佛教主張的因果輪迴，正可以說明這前後的道理。但不能否認的是，在我們修持的過程裡，有些高僧大德的修學、行持是我們所景仰的，就拿他做學習的榜樣，處處模仿他。所以，有些事情難免就會有些相似了。」

知道道宣律師沒有不高興，侍者繼續說：「我們還聽說，您出生時，有一些奇妙的現象呢！」

「哈哈哈！」道宣大笑起來：「您是說，家母夢見月亮掉落在她懷裡，然後生下我的事情？」

「是啊！是啊！聽說，令堂還在懷您的時候，先是夢見月亮掉進她的懷裡。接著又有一個西域來的僧人告訴她，即將出生的這個小孩是僧祐律師轉世

投胎的，長大後會出家，並且對中土佛教有很大的貢獻。」

道宣律師依舊笑咪咪的，沒有承認，也沒有否認：「因緣是很難一下子說清楚的。我們若不是多生多劫❶培植了深厚的善根福德，怎麼會有因緣聽聞佛法，並接受它？既然這一生能受持，就得好好把握，不要再空過了！來吧！不要再打妄想了，念佛吧！」

這件事情過沒多久，道宣律師在終南山的山腳下，建立了一座道場，取名「清宮精舍」，創立戒壇，開始用自己制定的儀規，為沙門授戒。

這個戒壇嚴格規定，一個初出家的僧人，必須先隨著僧團修行一段時日，確認出家的意向，再經過戒師主持授戒儀式後，才算正式取得出家僧人的資格。而授戒的程序則是：初壇授沙彌戒、沙彌尼戒，二壇授比丘戒、比丘尼戒，三壇授出家菩薩戒。

舉行授戒儀式時，須有十位戒師參加；其中包括得戒和尚一人、羯磨阿闍梨❷一人、教授阿闍梨一人，是為三師和尚；以及其他七位受過大戒的僧人，是爲尊證阿闍梨，做爲臨場的證人，合稱「三師七證」。

道宣律師希望藉由正式戒壇的傳戒，讓僧人的戒行步入正軌，因而能破除邪見，鞏固僧團，大家一起護持佛教。

當時，各地前來受具足戒的沙門有二十多人，成爲佛教史上重要的一件事情，也奠下了戒壇傳戒的基礎。

當年的十月初三，道宣律師在西明寺圓寂了。他的圓寂，就如同他的出生一樣，也帶著神奇的色彩。

在他圓寂之前，他的常隨弟子曾不只一次地聽道宣律師訶斥他們，要他們精進修學，以後才能跟他一樣，生到兜率內院，一起聽彌勒菩薩講經說法。

弟子們誠惶誠恐，請求他多住世幾年，他卻搖搖頭說：「不多耽擱了，咱們兜率內院見！」

可見，他早已預知要往生的時間。

而許多寺院的僧人看到他端坐而化的瑞相，都讚歎不已：「道宣律師的行持，果眞不凡啊！足以成爲所有沙門的典範呀！」

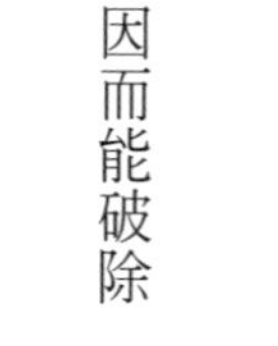

高宗皇帝一聽到這個消息，立刻下了一道詔書，將西明寺的壇谷石室重新打掃整修，裝飾得莊嚴肅穆。並且要當時的名畫家韓伯通塑繪律師的眞相，讓每一個來瞻仰道宣遺骨的人，能生起崇敬的心。此外，石室的後面又建造了三座石塔，以示高宗皇帝對道宣律師的尊崇。

高宗崩殂後，由代宗繼位。代宗皇帝仍然懷念道宣律師對國家的貢獻，在他逝世一百一十周年的忌辰當天，下了另一道詔書，要管理這件事情的大臣記得，每年的這一天，由宮中出一盒上好的香，送到西明寺道宣律師的石室，以國家的名義爲他焚燒，並爲他念祝禱文。

到了唐穆宗時，他特別作了一篇詔讚，來稱揚道宣律師的成就與貢獻。詔讚是這樣說的：

代有完人，為如來使，龍鬼歸降，天神奉侍，聲飛五天，辭驚萬里，
金烏西沉，佛日東舉，稽首歸依，肇律宗主。

翻成我們現在的話就是：道宣律師是我們這個時代了不起的人，是佛陀特別派來宣揚佛法的。因爲他的行持，使得龍、鬼都來歸服他，天神也來侍奉他。他的名聲，天上、人間都知曉，而且傳得很遠很遠。因爲他的出現，魔鬼、黑暗都遠離了，大家在佛光的照耀下，向道宣禮拜行禮，稱讚他是開創律宗的祖師。

又過了幾年，唐文宗時，當朝丞相韋處厚，特別建造了一座「道宣律師紀念塔」，並且在塔碑上，刻下四句話：

宣之持律，聲振竺乾，宣之編修，美流天下。

到了唐懿宗咸通十年（西元八六九年），有兩位大和尚：今霄法師和玄暢法師，一起向懿宗皇帝上了一篇表文，請求爲道宣律師封贈。懿宗於是追贈道宣的謚號爲「澄照」。並且將紀念道宣律師所建造的石塔，取名爲「淨光塔」。

至此，道宣律師雖然圓寂了，但是他個人的行持與修學，影響了唐朝皇室，更影響了佛門的後代學僧。

道宣律師一生充滿傳奇，但是，他並不以這些神異的事件來吸引世人的注意，而是藉著他個人嚴格的持戒與修行，加上關懷佛教所論述的多本著作，得到世人的肯定。後人對他科學化的治學態度，更是給予極高的評價。

就以他花了畢生精力與時間所撰述的《續高僧傳》來看，我們就不得不感激他的慈悲與用心。

《續高僧傳》共有三十卷，是研究中國佛教史重要的典籍。道宣撰述《續高僧傳》的目的，除了護持、發揚佛法外，也希望藉由有修持、有戒行的高僧大德，提振頹廢的僧團紀律，成爲僧人個人修行或團體學習的榜樣。

因此，他除了到處遊覽、聽聞外，也廣博引用史料，並查考印證、鑑別眞僞，以達到正確無誤的目的。

除了《續高僧傳》，道宣還編著有《四分律比丘含注戒本》、《四分律刪補隨機羯磨》、《四分律刪繁補闕行事鈔》、《四分律拾毘尼義鈔》、《四分

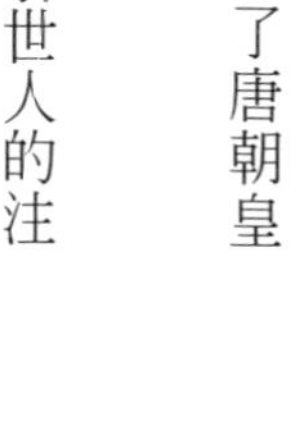

比丘尼鈔》、《廣弘明集》、《集古今佛道論衡》、《大唐內典錄》、《釋迦方志》、《法門文記》等多本重要著作。

道宣律師猶如暮鼓晨鐘，以發聵震聾之音，隨時提醒佛弟子檢視自己的身、口、意，不犯戒、不逾矩，精進修學，不僅爲古人所共推，也是現代的我們應該努力學習的。

❖註解❖

❶劫：佛家的時間單位，表示不可計算的長久年月。一般分為小劫、中劫、大劫。一小劫約有一千六百八十萬年，每二十個小劫為一中劫，每四十個中劫為一大劫。

❷阿闍梨：也稱導師，就是教授弟子，使其行為端正合宜，而且自身又可為弟子的楷模。

佛學視窗

- 時代背景
- 著述、見聞與理想
- 戒律之弘揚與貢獻
- 《續高僧傳》之特色與貢獻
- 道宣律師年表

時代背景

道宣律師，江蘇丹徒人（今江蘇省丹陽市），一說是長城人（今浙江省長興縣），俗姓錢，出生於隋文帝開皇十六年（西元五九六年），逝世於唐高宗乾封二年（西元六六七年）。十五歲時，皈依智頵律師，但依智首律師學律，十六歲落髮。他在世的七十二年裡，正是中國隋末唐初的太平盛世，也是中國佛教史上最燦爛的黃金歲月。

隋唐的政局

隋朝結束了近三百年南北紛爭的局面，統一了全國，爲中國開創了一嶄新的局面，然而尚未完全穩定，便被唐朝取代。

唐代初期國力充盈，對外武功鼎盛、大唐的聲威遠播，在周圍的小國都紛紛向中國臣服，來自世界各地的外交人員與留學生更是絡繹不絕。此時的中國，政治安定、社會繁榮、經濟興旺、民生富足、財力雄厚、物資充裕，可以

說是有始以來最強盛的時期。

除了物質豐厚外，文化與學術研究，也非常受到唐朝皇室的重視。國家特別出資設立專門的場所，並選拔優秀的人才，委任來撰述修史，唐太宗還曾經親自參加並擔任撰錄重修《晉書》的工作。由於政府的重視，唐朝初年所編修的史書，比任何一個朝代都豐富且完善。

唐朝宗教概況

宗教政策上，唐代所採取的是儒、釋、道三教同時獎勵，此外也包容景教（基督教的一支）與伊斯蘭教（回教）的傳入。以唐太宗為例，他不但獎勵儒術，更推崇道教的老子為祖先，也非常禮遇玄奘大師。雖然這些作法有他政治上的目的，但是政府的政策，對當時的宗教與思想文化的發揚卻有巨大的貢獻。

在唐朝以前，佛教都是以吸收印度佛教思想為主，此時開始轉變為創立中國式的佛教，自由活潑地發揮著中國人自己的新思想，而漸漸脫離了印度傳統佛教的規範，可以說是前所未有的大轉變。

當時，新舊宗派並弘、高僧輩出、寺院林立、佛教藝術推陳出新、文物燦爛完備，佛教的信仰與文化已深入並滲透到人民的生活之中，更逐漸成爲中國文化的一部分。

佛教的盛況

此時盛行的宗派除了隋代興起的天台宗、三論宗、普法宗外，尚有淨土宗、法相宗、華嚴宗、禪宗及道宣所開創的南山律宗及後來的密宗等等，而碩學高僧更是不勝枚舉。在著述方面，隋至唐代初期，佛教撰述之豐富遠超過前人。根據記載，在隋朝以前有關佛教的撰述不過兩千數百卷，但是到了唐朝開元年間，有關佛教的典籍約有四千九百多卷，可見隋至唐初這段期間，佛教撰述的豐富。

這時候的佛教，在文化、經濟、人力、物力等各方面都呈現相當興盛且龐大的現象。也由於寺院經濟雄厚，使得僧人可以專心學佛、傳道、推究佛教義

道宣律師

理，舉辦更多的慈善事業，進而擴大佛教的影響力。

然而，由於佛教勢力不斷地擴大，引起皇室、道教及部分儒者的覬覦與不滿；同時，佛教本身也由於擁有過多的資產，開始有比較多不守戒行的出家人，步向營利、走入腐敗墮落的生活。

著述、見聞與理想

道宣律師自十六歲落髮出家，就專注習律，並積極從事佛教經典目錄、護法文集、僧傳及戒律等各方面的編撰。他的著述有《四分律比丘含注戒本》、《四分律刪補隨機羯磨》、《四分律刪繁補闕行事鈔》（簡稱《行事鈔》）、《釋門正行懺悔儀》、《釋門亡物輕重儀》、《釋門章服儀》、《釋門歸敬儀》、《釋迦氏譜》、《佛化東漸圖贊》、《釋迦方志》、《古今佛道論衡》、《大唐內典錄》、《續高僧傳》、《後續高僧傳》、《廣弘明集》、《集神州三寶感通錄》、《四分比丘尼鈔》、《四分律拾毘尼義鈔》、《淨心誡觀法》、《教誡律儀》、《律相感通傳》、《中天竺舍衛國祇洹寺圖經》、《關中創立戒壇圖經》等，據統計約有三十五部，一百八十八卷。可見，道宣律師是如何勤奮地搜集資料與寫作。

參與玄奘譯場

道宣律師一生中最值得一提的是，他被推選並參加玄奘譯場的翻譯工作。在這裡，他認識了來自全國各地的佛教菁英，如京師普光寺棲玄法師、弘福寺明濬法師、會昌寺辯機法師、簡州福聚寺靜邁法師、蒲州普救寺行友法師、棲巖寺道卓法師、豳州昭仁寺慧立法師、洛州天宮寺玄則法師（道宣與此八人，時稱「綴文九大德」），及許許多多明解佛教大小乘經論的出家人。與這些世人欽賞的善知識們一起學習研究並共同翻譯經典，道宣律師的學識見聞，可以說是一般人少有的。

此外，他還結交緇素有名的大德及教外朋友，特別是名醫孫思邈的博學多聞，對他有不少提攜與幫助。認識多方朋友，虛心請教他人，從這當中，道宣

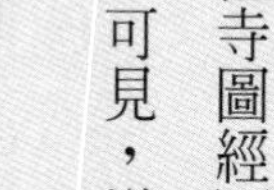

律師的人生智慧遠遠超過只知道看書而不會在生活中學習的人。

撰寫《續高僧傳》

爲了避免僅憑書面資料或閉門造車，印證學問或吸收新知的實地考察，可以說是道宣律師搜集資料的一個重要原則。例如他在撰寫《續高僧傳》時，特別到華北實地勘查，由於他的用心，還有過不少感應。讀萬卷書、行萬里路，是道宣之所以完成眾多著作的重要原因。

以著述弘律

唐朝初年雖是中國佛教史上的燦爛時期，但同時也隱藏著一些腐敗墮落的因子，若不及早想辦法解決，道宣律師認爲將會是佛教滅亡的主要毒瘤。道宣律師感覺到在唐初這般安逸的環境中，不少僧人不學無術，又受到世俗名利的誘惑而勾起貪婪的欲望，因而失去了出家人的宗教情操，是佛教的危機。面對這樣一個繁華的時代，出家人如何潔身自愛、爲善修德，遂成爲道宣律師所認爲最重要的課題。

道宣律師終其一生的努力，就是從事於律學的著作、護法文集與僧傳的撰述，他的目的就是要以戒律來提供確切而且可以遵循的避惡之道；以僧傳來激勵出家人見賢思齊而生向善的心。他認爲：只有眞眞實實地從出家人日常生活習慣與舉止改善起，佛法的慧命才能眞正的落實；也唯有出家人專志於修道上，才能獲得世人的尊敬並使佛教扎根。

戒律之弘揚與貢獻

「律」是佛教的道德規範與團體制度，戒律有助於眾人對佛法的修證，並使佛法比較長久地流傳在人間。自佛陀之世流傳至今，制定有比丘戒二百五十條、比丘尼戒三百四十八條。佛陀入滅後，弟子優婆離尊者結集律法，分八十次誦出，即是《八十誦律》，其後傳於五大尊者。爾後的弟子，各就根性在《八十誦律》中採取相近的各成一部，而有《五部律》。《五部律》中曇無德

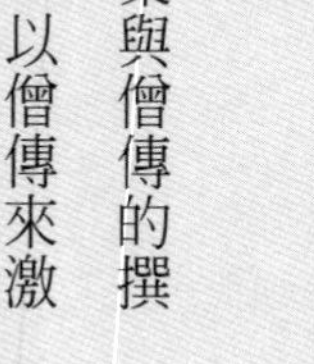

以隨說隨止爲一分，前後四度說完，所以稱爲《四分律》。

「南山律宗」的創立

佛教自漢代傳入中國以後，有關戒律的經典如《十誦律》、《四分律》、《僧祇律》等遂漸被翻譯出來，大約到東晉時戒律才漸漸完備。早期著名的僧人如佛圖澄、道安、竺法汰、慧遠等人都非常注重「戒律」，因它乃是出家人應該遵守的本分，而不是某一宗的中心準則。然而，唐朝以後所謂的律宗，則是專指南山律宗。

道宣律師繼承智首律師的系統，專心弘揚《四分律》，並樹立出家人的生活規範。由於道宣長久居住在終南山，所以他所傳授的戒法被稱爲「南山律宗」。他在關中成立戒壇時，澧州、荊州、台州等一帶，都有僧人前往求戒，且各地普遍幾乎都是依據道宣所制定的方式來傳戒。

南山律的流傳

爾後，四分律漸成爲中國僧人律法的中心。道宣律師雖然是律宗第九祖，可是後來南山律宗興盛流傳，他便被尊爲南山律宗初祖。這是因爲道宣弟子眾多，延續甚長，也是目前律宗唯一有流傳者的一支。

他的弟子最著名的有：大慈、文綱、名恪、秀（周）、融濟等數百人。這些弟子不但解行並重，學問與戒行更是受到世人的敬重，使道宣的學說流傳於中國，更傳播到日本、韓國一帶。

道宣精通戒律，著述極多，其中《行事鈔》、《四分比丘尼鈔》、《四分律拾毘尼義鈔》、《四分律比丘含注戒本》、《四分律刪補隨機羯磨》等被後世尊爲南山律宗五大部，是研究者必讀的參考書。而《行事鈔》，後人爲它作註解的更多達一百多家，可見影響力之深遠。

在初唐時，有些僧人自比爲大乘菩薩而輕視戒律，認爲這只是小乘的行爲，所以不隨順遵守，甚至「值貨營生，仗親樹黨，蓄妻養子」，嚴重破壞佛教界的綱紀。道宣律師對戒律的弘揚與重視，可以說是一股清流，延續了諸佛

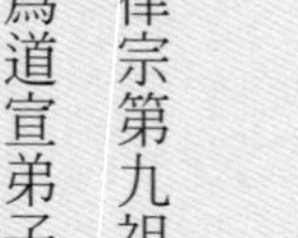

道宣律師

慧命，也爲佛教樹立良好的典範。

《續高僧傳》之特色與貢獻

《續高僧傳》又稱爲《唐高僧傳》或簡稱爲《唐傳》。顧名思義，是以「高僧」做爲寫作的典範。他的理念，主要是傳承梁慧皎《高僧傳》「揭善之美」、「敦勵後主」的一貫精神與目的。其內容分爲：〈譯經〉、〈義解〉、〈習禪〉、〈明律〉、〈護法〉、〈感通〉、〈遺身〉、〈讀誦〉、〈興福〉、〈雜科聲德〉等十科，共有三十卷，保存在新修《大正藏》第五十冊中。統計其中所立正傳有三百四十位，附見有一百六十位。道宣由於擔心一些潛德修行、韜光養晦的高僧不爲世人所知，所以不辭辛勞，遍尋品德高尚且對佛教有貢獻的僧人事蹟，使其名留青史，令後人能以他們爲榜樣。

關於道宣律師文字史料的運用：在時間上，廣泛地採納古代與當代的史料；在空間上，兼顧佛教內外的資料與書籍，從廣博且豐富的資料中，求其精確、通達，這一切在在可以反應出道宣理智客觀的修學方法與嚴謹的治學態度。

《續高僧傳》的特色

《續高僧傳》有兩項特點：

一、繼承與創新相輔相成

爲了顧及歷史的變遷與時代意義，他有所創新並賦予內涵，而非一味抄襲。道宣律師不只是依循前人的通例，而且還配合時代的變遷，略微修改寫作的體例，以適應當時佛教史事的發展，並說明佛教史上的一些新動向。此外，在《高僧傳》「高」標準的立傳要求下，他也爲一些在歷史上具有特殊地位惡僧立傳，以示史實，更顯出他新研究的體系與用心。

二、包容與簡明並存

道宣律師雖然有所新創，但他預料歷史的不斷演變，新創的體例也將有不敷使用之時，因而創立「雜科」以應變新時代的來臨，便於隨時修改，可以說

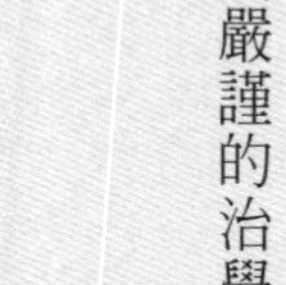

極富包容性。《續高僧傳》的附傳標準雖然比《高僧傳》嚴格而精簡，但是對人物的敍述，則更富彈性與自由，可以看出道宣的善巧。

《續高僧傳》是一部擅於運用資料且細密的鉅作，雖然其中的人物非常眾多、規模非常龐大，但是更可以看出道宣處理資料的用心與功力。

《續高僧傳》的貢獻

處於唐朝初期修史風氣盛行之下的道宣律師，眼看魏晉南北朝所留下來數量龐雜、卷帙繁浩的佛教人物傳記，逐漸有亡佚失傳的現象，若再不及時廣搜博覽，加以搜集成書，將來有可能會隨著時代的變遷而漸漸地湮滅，並爲世人所遺忘。道宣的《續高僧傳》有系統且全面的整理編撰，可以說延續了佛教許多高僧大德的慧命與精神，並且保留了史實，可以說對佛教、對歷史都有莫大的貢獻。

道宣律師年表

中國紀元	西元	年齡	道宣律師記事	相關大事
隋文帝開皇十六年	596	1	在江蘇丹徒（今江蘇省丹陽市）出生。	
仁壽二年	604	9	大量閱讀諸子學說，並學作賦體文。	
隋煬帝大業七年	611	16	於建業的日嚴道場落髮，依智頵律師出家，後隨智首律師學律，聽《四分律》二十遍，約六年。	
武德七年	624	29	入終南山倣掌谷建白泉寺、淨業寺。	定祖庸調法。

武德九年	626	31	撰《四分律刪繁補闕行事鈔》十二卷。	
唐太宗貞觀元年	627	32	撰《四分律拾毘尼義鈔》六卷。	玄奘大師西行印度求法。
貞觀四年	630	35	外出參學，廣求諸律異傳，並到魏郡請教律學大師法勵法師。	平東突厥，西北君長奉唐太宗爲「天可汗」。
貞觀七年	633	38	於終南山建紵麻蘭若，並開始撰述《續高僧傳》。	
貞觀十年	636	41	與高齡九十多歲的名醫孫思邈成忘年之交。	
貞觀十五年	641	46		文成公主嫁吐蕃贊普。戒日王遣使到長安朝貢。

貞觀十九年	645	50	至長安弘福寺參與玄奘大師的譯場，時人稱「綴文九大德」。完成《續高僧傳》三十卷。	太宗親征高麗。
貞觀二十年	646	51	離開長安譯場，回終南山豐德寺。	
唐高宗永徽元年	650	55	還居紵麻蘭若，撰《釋迦方志》二卷。	
顯慶三年	658	63	西明寺落成，擔任住持，並奉詔參加玄奘大師西明寺的譯場，負責潤文。	
龍朔二年	662	67	二度出任西明寺住持，直至圓寂。	

麟德元年	664	69	撰《三寶感通錄》三卷、《大唐內典錄》十卷、《廣弘明集》三十卷。	玄奘大師圓寂於玉華寺。
乾封二年	667	72	在「清宮精舍」建靈感戒壇，同年十月圓寂於西明寺。	

國家圖書館出版品預行編目資料

南山大律師：道宣律師 / 林淑玟著；劉建志繪.-- 二版. -- 臺北市：法鼓文化, 2010.02

面； 公分

ISBN 978-957-598-498-4(平裝)

224.515 98023444

高僧小說系列精選 11

南山大律師——道宣律師

著者／林淑玟
繪者／劉建志
出版／法鼓文化
總監／釋果賢
總編輯／陳重光
編輯／李金瑛、李書儀
佛學視窗／朱秀容
封面設計／兩隻老虎廣告設計有限公司
內頁美編／小工
地址／臺北市北投區公館路186號5樓
電話／(02)2893-4646 傳真／(02)2896-0731
網址／http://www.ddc.com.tw
E-mail／market@ddc.com.tw
讀者服務專線／(02)2896-1600
初版一刷／1996年5月
二版二刷／2022年3月
建議售價／新臺幣160元
郵撥帳號／50013371
戶名／財團法人法鼓山文教基金會—法鼓文化
北美經銷處／紐約東初禪寺
Chan Meditation Center (New York, U.S.A.)
Tel／(718)592-6593 E-mail／chancenter@gmail.com

法鼓文化